MON VENDEUR, CE HÉROS

Lexitis Éditions

19 rue Larrey, 75005 Paris

LES PRATIQUES
DE LA PERFORMANCE

Christian BLONDEL
Marine COUSIN BERNARD
Olivier LAVAUX

Mon Vendeur ce Héros 5.0®

L'intelligence commerciale en point de vente

NOUVELLE
ÉDITION
MISE
À JOUR

LEXITIS
éditions

Sommaire

Chapitre 2
La performance ne s'invente pas, elle s'initie et se cultive !   57

Observer et s'adapter au visiteur   88

Savoir conclure 139

Accompagner mon vendeur, ce héros 152

Chapitre 3
Les nouveaux défis 169

Un « projet de vie » 171

Valoriser le métier de « vendeur » 177

« Mon Vendeur ce Héros 5.0 », c'est aussi un site Internet.
Pour compléter votre information, pour suivre notre actualité
et pour partager vos expériences. Vous serez au fil de la lecture
invité à vous connecter en utilisant les liens proposés.

www.monvendeurceheros.fr

Préface

Le 1er ouvrage « Mon vendeur, ce héros » a connu un succès certain. Il traitait en effet avec une grande acuité d'un sujet technique et stratégique à la fois pour le commerce et l'activité économique en général : la vente et les méthodes de vente les plus efficaces, incluant l'écoute, le conseil et l'accompagnement du client.

Mais ces méthodes ne sont rien sans l'homme qui les applique, capable également de les dépasser pour mettre la relation humaine et la compétence au cœur de son rapport avec l'acheteur potentiel.

Voilà pourquoi le vendeur est bien ce héros que décrivait et nous vantait la 1re édition du livre de Marine Cousin Bernard, Christian Blondel et Olivier Lavaux.

Mais, je suis commerçant et chef d'entreprise, moi-même, et mes responsabilités à la CPME Paris comme à la Chambre régionale de commerce et d'industrie d'Ile de France (et particulièrement à la CCI Paris) m'ont depuis longtemps appris qu'il faut toujours mettre en cause et adapter ses méthodes en fonction de l'évolution des attentes des consommateurs ainsi qu'avec celle des techniques d'information et de communication.

À la CCIP, à titre d'exemple, nous avons ainsi développé des initiatives pour favoriser la digitalisation des commerces, le Design et l'aménagement des points de vente ou encore professionnaliser l'accueil des touristes dans les boutiques et les quartiers de la capitale.

Les rencontres avec les commerçants et leurs associations locales, les visites dans les différents quartiers de la capitale, que nous organisons régulièrement avec les membres élus de la CCIP, tous responsables d'entreprise, nous confirment dans cette conviction et dans l'ardente obligation, qu'il faut accompagner et anticiper les évolutions des comportements d'achat.

Alors pour toutes ces raisons, il fallait une suite à « mon vendeur, ce héros », une suite dont la forme soit adaptée aux attentes du lecteur ; c'est le cas avec un ouvrage plus compact, associé à un site Internet présentant fiches pratiques, études de cas, interviews...

Mais c'est aussi le cas avec la mise en avant, dans le livre, du développement de « l'omnicanal », de l'importance de l'aide à la décision assurée par le vendeur, de « l'expérience client » recherchée par le chaland (accueil, ambiance, plaisir, conseil et expérience...), toutes évolutions et attentes constatées dans nos boutiques.

« Le métier de la vente dans le commerce de détail s'apparente à une pièce de théâtre où chacun peut être acteur », nous disent les auteurs.

Alors, acte par acte, jouons la ensemble, avec, en main, le livret « Mon vendeur, ce héros », 2e édition, et ce, pour le meilleur succès de nos entreprises et commerces.

Gérald BARBIER
Premier vice-président de la CCI Paris

Remerciements

Nous tenons à remercier les nombreuses personnes qui, au travers des anecdotes, des témoignages et des interviews, nous ont spontanément aidés à partager, à enrichir, à développer le thème de notre ouvrage, plus particulièrement :

Silvio Ascoli
Ludovic Aubert
Gérald Barbier
Laurent Bernazeau
Isabelle Blondel
Tatiana Blondel
Élodie de Boissieu
Laurence Caron
Luc Châtel
Valentine Chapus-Gilbert
Denis Cohignac
Thierry Crampes
Arthur Dechamps
Stéphane Demorand
Emmanuel Deroude
Publicis Drugstore
Margaux Dusseaux
Corail Estimé
Patrice Fabart
Jean Falson
Patrice Farcy
Florence Garec
Alexandra Goachet
Jean-Marc Goachet
Hervé Guyardeau
Odile Haag
Pierre Havransart

Angélique Hénaux
Éric Julienne
Alain Kruger
Arthur Lagrange Deschamps
Gérard Lemarié
Gaël Lermitte
Patrice Lizot
Michel Maffesoli
Jean-Louis Maître
Charles Matharan
Martine (du *Grenier lorrain*)
Lucie Marand
Marie-Christèle Martineau
Jean-Claude Nachba
Romuald Petiteau
Antony Perron
Martin Philppoteau
Isabelle Rabineau
Pierre de Ricaud
Michel Rocard †
Eric Scherrer
Mathilde Seclet
Christelle Simeon
Mélanie & Hugo Sourdou
Damien Veillet
Pierre Volle
Pauline van Wynendaele

Introduction

Mots clés

VENDEUR, VENDEUR CONSEIL, CONSEILLER DE VENTE, AMBASSADEUR, COMMERCE DE DÉTAIL, ARTISAN COMMERÇANT, MANAGER, POINT DE VENTE, BOUTIQUE, MAGASIN, VISITEUR, CLIENT, VITRINE, CONSEIL, ATTITUDE, COMPORTEMENT, PLAISIR, BIEN-ÊTRE, COMPÉTENCE, FORMATION, MANAGEMENT, INSTITUTIONNELS, CHAMBRES PROFESSIONNELLES, SYNDICATS, POLITIQUES...

Terminologie

Pour des raisons de simplicité de lecture, nous utiliserons le mot de « vendeur » tant au féminin qu'au masculin. Le mot « vendeur » regroupe les appellations suivantes : vendeur, conseiller de vente, chargé de clientèle, hôte d'accueil, ambassadeur, démonstrateur, vendeur conseil...

L'expression « point de vente » regroupe les surfaces commerciales et artisanales suivantes : magasins, boutiques, commerces, petites, moyennes et grandes surfaces, magasins spécialisés, grands magasins, comptoirs et points d'accueil, lieu de vie, espace partagé, univers de vente.

Le mot « visiteur » désigne la personne en jeu dans le processus de vente, depuis l'accueil par le vendeur jusqu'à l'acte d'achat où il devient « client ».

Le « client » est la personne qui a acheté et que l'on cherche à fidéliser.

Le « manager » désigne le patron ou le manager d'un point de vente et également les personnes responsables dans le cas d'enseignes à points de vente multiples.

Exemple, témoignage, histoire

Ces témoignages ont été recueillis par les auteurs. Nous les avons voulus anonymes, mais chaque témoin existe bel et bien et nous avons le nom de chacun d'entre eux. Le nom des entreprises/organismes a été volontairement supprimé des témoignages. L'important n'est pas de stigmatiser telle ou telle marque ou enseigne, mais de faire prendre conscience des problématiques du réel. Chacun y retrouvera ses petits...

Contexte

Extrait de l'article des échos du 25/10/2017 « L'humain, meilleure arme pour faire revenir les gens en magasins » : 44 % des consommateurs français disent éprouver de moins en moins de plaisir dans les magasins et 66 % des Millenials (moins de 35 ans) souhaitent que les lieux de vente physiques leur proposent autre chose que juste des produits à acheter.

Présentés lors de la dernière Retail Week[1] , ces éléments d'une étude Opinion Way pour Havas Paris confirment que le salut de la distribution physique passera par le facteur humain, « avec des vendeurs mieux formés et surtout capables de partager des bons moments avec les consommateurs qui ont fait l'effort de se déplacer au lieu d'acheter sur Amazon ».[2]

Une nouvelle enquête sur la compétitivité des entreprises françaises affirme : « si l'innovation et l'efficacité de l'outil de production sont au

---

1. Paris Retail week 2017 Salon dédié à la communauté du commerce global.19 au 21/09
2. https://www.lesechos.fr/industrie-services/conso-distribution/030777586752-lhumain-meilleure-arme-pour-faire-revenir-les-gens-en-magasins-2125106.php

programme, la motivation et le bien-être des salariés sont [enfin] considérés désormais comme le premier levier de compétitivité.[3]

Qu'en est-il du vendeur ?L'acte commercial, dans le point de vente, dépend de la qualité de la relation créée entre le vendeur et le client. Le rôle de conseil du vendeur est évident. Or, si l'on ne peut pas en faire une généralité, combien avons-nous à l'esprit de situations où le vendeur n'a pas été à la hauteur des demandes du client, de ses besoins et de ses désirs ?

Qu'en est-il du vendeur ?

L'acte commercial dans le point de vente dépend de la qualité de la relation créée entre le vendeur et le client. Le rôle de conseil du vendeur est évident. Or, si l'on ne peut pas en faire une généralité, combien avons-nous à l'esprit de situations où le vendeur n'a pas été à la hauteur des demandes du client, de ses besoins et de ses désirs ?

Témoignages

« Rue de Rivoli je rentre dans un magasin de Prêt à porter. Je regarde tranquillement le pull que j'avais découvert préalablement sur le site de la maison, en promo.
— Vous avez trouvé votre taille !?
— Bonjour, non je recherche un 38 !
— Je vais regarder…. »

---

3. Le cabinet Deloitte et l'Usine Nouvelle ont réalisé le baromètre de la compétitivité 2015 à partir d'un questionnaire en ligne réalisé entre le 19 mars et le 15 avril 2015

« Je suis dans un pub qui jouxte la gare de Lyon en attente de mon train.
— Bonjour, que voulez-vous ?
— Je lui demande une bière inscrite à la carte.
— On en a plus
Je reprends la carte, face à mon hésitation il s'impatiente et me le fait comprendre par sa posture. »

« Place de Jaude à Clermont Ferrand. C'est l'heure du déjeuner, nous sommes en milieu de semaine, il n'y a pas foule. J'avance dans les rayons, personne ! Si, au fond, un groupe de vendeurs en train de discuter entre eux, sans prendre garde. »

« Il y a quelques semaines, je voulais changer mon forfait de téléphone portable, à la suite d'un SMS promotionnel que j'avais reçu. Je vais dans une boutique. Le vendeur est en grande conversation avec un collègue : une histoire de congés. Je suis transparente, ils font mine de ne pas me voir. Enfin, il me demande ce que je désire. Je lui dis que je suis intéressée par un changement de forfait aux conditions du SMS (que je lui fais lire). Il pianote sur son ordinateur, la proposition n'y figure pas. »

En fait, à quand remonte notre dernière expérience ? Pas besoin souvent de chercher très loin. Le « Customer Experience » Index 2016 de Forrester révèle qu'en France 65% du panel de marques étudiées offrent une expérience client « médiocre » à leurs clients.

Nous voyons bien, au travers de ces situations, que la qualité de l'accueil est souvent mise en avant par le client, mais il n'y a pas que cela. Derrière un sentiment général, ce sont en fait une multitude de détails qui sont à l'origine du mécontentement ou de la déconvenue du client.

Histoire

Monsieur Martin fait une brillante carrière comme VRP de plusieurs sociétés. Il a toujours eu des voitures de fonction plus ou moins imposées. À l'automne de sa carrière, il voudrait s'offrir sa propre voiture, parce qu'il le mérite, qu'il a économisé suffisamment et surtout parce qu'il en rêve depuis longtemps. Son rêve, c'est un 4 × 4 d'une grande marque. Il a lu beaucoup de revues sur les performances techniques. Cela fait un bout de temps qu'il désire acquérir cette marque de renom et, qui plus est, ce modèle avec ses 140 ch. Mais au-delà de la puissance et de la notoriété de la marque, ce 4 × 4 doit pouvoir présenter l'avantage d'une modularité au niveau des sièges pour offrir un grand espace si nécessaire. En effet, monsieur Martin a une maison de campagne. Passionné de brocante, il veut pouvoir transporter du matériel de jardinage ou des meubles sans se soucier du volume. Il y a aussi une raison de sécurité, monsieur Martin se sentira plus à l'aise dans une voiture haute et solide. Sa question : est-ce qu'il ressentira tout le confort et les sensations qu'il aurait avec le modèle berline de la même marque ?

Parce qu'il veut concrétiser son rêve et, en même temps, faire une surprise à sa femme, monsieur Martin décide de se rendre chez le concessionnaire de la marque afin de parfaire ses connaissances, entre autres au sujet du service après-vente (il déteste les contrariétés) et de la motorisation. Si c'est un cadeau qu'il s'offre, il ne faut pas que cela lui coûte une fortune à chaque plein.

Jérémy, le vendeur, est occupé. Monsieur Martin attend debout, il voit des personnes affairées dans les bureaux périphériques. Il écoute Jérémy donner des explications techniques au client précédent. Il ne comprend pas tous les termes employés. Puis il observe comment Jérémy prend congé du client, se tourne vers lui en se rapprochant énergiquement, jusqu'à arriver très près de lui, à un mètre. Monsieur Martin le trouve très grand – Jérémy doit mesurer 1,90 m – avec son 1,72 m, monsieur

Martin est mal à l'aise et sent son espace envahi ! Spontanément, il fait un pas en retrait. Jérémy, d'une voix imposante et rapide, le salue :

— *Bonjour, en quoi puis-je vous aider ?*
— *Bonjour,* répond monsieur Martin, un peu sur la défensive. *Voilà je suis intéressé par le modèle 4 × 4. J'ai vu dans les revues le modèle W en diesel et en hybride.*
— *C'est un bon choix monsieur, 140 chevaux, 104 kW à tr/min, accélération de 0 à 100 km/h en 10,7 secondes, vitesse maximum de 183 km/h... Cela tombe bien, nous avons un modèle d'exposition, je vous invite à vous y asseoir.*
— *Si je veux transporter un meuble, les sièges sont-ils modulables ?*
— *Oui, pas de problème, comme toutes les voitures maintenant !*
Monsieur Martin se tourne pour regarder les sièges arrière, mais Jérémy continue à lui parler de performance et de caractéristiques techniques... En sortant du véhicule, monsieur Martin veut ouvrir le coffre mais celui-ci ne s'ouvre pas, il se contente de regarder par la vitre pendant que Jérémy vante la souplesse de conduite, le confort...
— *Pour l'entretien, comment cela se passe ?* (en précisant qu'il sera alternativement à Paris et dans sa maison de campagne près d'Orléans).
Jérémy réagit immédiatement en précisant que c'est une voiture très fiable et que les révisions interviennent tous les 30 000 kilomètres.
Jérémy regarde monsieur Martin en essayant de confirmer un signal d'achat :
– *C'est un projet que vous souhaitez réaliser prochainement ? Vous savez, nous avons des conditions financières très intéressantes en ce moment...*
— *Je vous remercie, mais je dois en parler avec ma femme dans un premier temps et je vous rappelle pour envisager un essai avec elle.*
Et monsieur Martin recule pour saluer le vendeur et se dirige vers la sortie.

Quinze jours plus tard, monsieur Martin a acheté son 4 × 4 à Orléans, près de sa maison de campagne.

Analyse

Pourquoi Jérémy, le vendeur, n'a-t-il pas vendu ? La compétence technique de Jérémy semble ne pas avoir suffi ! Essayons d'analyser pourquoi.

Bien sûr, le fait que monsieur Martin ait dû attendre sans que personne ne l'accueille vous a certainement interpellé. Mais avez-vous remarqué que Jérémy n'a pas respecté les distances de convenance entre lui et son client ? On appelle cela la « proxémie ». Avec ces deux remarques, ce sont plus d'une dizaine de détails différents accumulés qui sont à l'origine du revers de Jérémy, le vendeur. Lesquels ?

Vous verrez qu'on peut classer les raisons de ce revers à des motifs liés à la technique de vente pure. S'ils ne vous ont vraisemblablement pas échappé, il y a aussi des motifs davantage liés à la perception subjective ou à l'émotion qui, eux, sont parfois plus difficiles à détecter ou à analyser. C'est ce que nous développerons pas à pas dans les chapitres suivants.

Si vous voulez connaître tout de suite les raisons du revers de Jérémy, utilisez le lien suivant :

Mais avant, quelques explications et précisions s'imposent.

De quoi parle-t-on ?

Le commerce de détail et l'artisanat commercial représentent un poids économique fort important. On parle d'environ 331 000 points de vente, en France[2]. Principalement des magasins, des magasins spécialisés, des petites surfaces dans les secteurs alimentaire – y compris les boulangeries, les boucheries, les traiteurs… – et non alimentaire : l'habillement, la culture, les loisirs et le sport, l'aménagement de l'habitat, les équipements… sans oublier les pharmacies, les salons de coiffure, les cordonneries…

Plus de deux millions de personnes travaillent dans le commerce de détail ou l'artisanat commercial. Beaucoup sont des indépendants. Les employés sont essentiellement des salariés[4]. Il va sans dire que la grande majorité de ces indépendants et salariés est en relation directe ou indirecte avec la clientèle.

On doit prendre également en compte que Paris, une des capitales mondiales du luxe, est une des villes les plus visitées au monde. Les boutiques et les grands magasins se font largement écho de cette position où les conseillers de vente jouent un rôle primordial pour les marques qui les emploient. Ils sont les ambassadeurs du prestige et du romantisme qu'incarnent la France et ses maisons de luxe.

Avec un chiffre d'affaires de 494 milliards d'euros[4], l'enjeu économique est considérable, dans un contexte où le e-commerce de masse trouve ses limites et avant l'arrivée de nombreuses nouvelles technologies pour faire vendre et faciliter les transactions.

---

4. Source INSEE, 2015.

Le vendeur, une longue histoire

Le mot « vendeur » apparaît dans les années 1200. Il est défini comme suit : personne qui vend ou qui a vendu quelque chose au comptant ou à crédit. Le féminin « venderesse » est attesté en 1226, puis « vendeuse » en 1552. Le mot a été employé dans des expressions comme « vendeur de meubles » (pour commissaire-priseur, 1690), « vendeur de chrétiens », au pluriel (pour officier recruteur) et, au figuré, « vendeur de fumée » (personne qui se targue d'un crédit qu'elle n'a pas, 1612), « vendeur d'allumettes » (pour conteur de sornettes, 1732).[5]

On s'aperçoit que le mot a été autant valorisé que galvaudé à travers le temps et les situations (le vendeur à la sauvette).

Les enjeux

Aujourd'hui, le client, lorsqu'il se rend dans un magasin, est bien plus informé et documenté qu'auparavant. Il veut trouver beaucoup plus que s'il achetait directement sur Internet.

Il veut :

- un accueil
- une ambiance et du plaisir
- du conseil mais aussi de l'expérience, et c'est une tendance forte : de l'aide à la décision, c'est-à-dire :
- de compléter son information,
- de lever les dernières incertitudes liées à l'achat
- de l'aider à effectuer son choix final,

---

5. Dictionnaire de la langue française Alain Rey

- de faciliter les éventuelles étapes entre sa décision d'achat et la consommation ou l'utilisation (retouche, finitions, livraison, enlèvement, montage, mode d'emploi, recommandations d'utilisation...) du produit et/ou du service.

Pour cela il souhaite avoir en face de lui un vendeur qui l'écoute, qui a des compétences relationnelles (de l'empathie) et qui, surtout, est capable de créer un climat de confiance. Il veut également, dans un point de vente totalement réinventé, « pouvoir discuter, s'émerveiller, se plaindre, goûter, toucher, essayer, utiliser, apprendre, poser des questions, voire échanger avec son voisin. »[6]
N'oublions pas le changement du rôle et des missions du vendeur depuis cinquante ans ! De simple vendeur et/ou démonstrateur, aujourd'hui on attend de lui des compétences techniques sur la vente, le *merchandising*, la logistique et les compétences relationnelles, l'écoute, le conseil, les services...

Beaucoup travaillent déjà à ce que sera le commerce de détail en 2020.[7]

---

6. Virginie Parisot, stratégic director Saguez & Partners. Communiqué de presse du 8 février 2012 « Le commerce existera-t-il encore demain ? ».
7. Philippe Moati avec Pauline Jeauneau et Valérie Lourdel, « Quel commerce pour demain : la vision prospective des acteurs du secteur », Centre de recherche pour l'étude et l'observation des conditions de vie, Note de synthèse, novembre 2010. Pierre Péladeau and Olivier de Cointet, « Perspective 2020 : quelle place pour la distribution traditionnelle dans un monde digital », Booz & Company, 7 octobre 2013, www.booz.com. Booz & Company analyse l'impact de la montée en puissance du e-commerce sur les secteurs de l'hygiène-beauté, de l'habillement, de l'électronique et de l'électroménager et des télécommunications.
Mallory Lalanne, « Le commerce se digitalise», 24 juin 2013 Emarketing.fr.

Témoignage

Extrait de l'interview de Patrice Farcy, Directeur chez Orange

Le magasin. Hier, la première vocation d'un magasin physique était de produire du chiffre d'affaires. Il était souvent aménagé comme tel, les commerciaux étaient rémunérés sur le CA généré sur place et le management était essentiellement focalisé sur le Combien. Aujourd'hui cette destination première de la boutique a évolué. Celle-ci a pour mission première de fidéliser le client à la marque et de montrer des réponses à travers son offre aux attentes d'usage des clients. Apple l'a bien compris et ses Apple stores sont d'abord des show-rooms ou l'on se sent à la fois libre et accompagné. Le principal du CA se réalise en ligne et le magasin est une fantastique vitrine qui permet d'incarner le lien avec la marque.

Retrouvez l'intégralité de l'interview en utilisant le lien suivant :

De l'avis général, force est de penser que le vendeur aura toujours une place prédominante dans la relation créée avec le client et dans le processus de vente.

Il est le lien « chahuté » et néanmoins essentiel entre Internet et le point de vente. Il devrait être informé des tendances et des évolutions du parcours des clients et devrait être en mesure de connaitre l'historique du client. Il devient alors le maillon indissociable dans les stratégies Multicanal et/ou Omnicanal des marques qui l'emploie.

Il est l'ambassadeur de la marque qu'il représente avec son histoire, son identité, ses codes. Il participera également à faire du magasin un espace de vie, un espace connecté, mais aussi de séduction et de plaisir.

Le vendeur est-il le seul responsable de ce constat ?

Bien sûr que non ! La reconnaissance du métier de vendeur, la formation initiale, mais également la formation continue, la responsabilisation et l'implication de l'encadrement, l'appui des instances représentatives, sans oublier les comportements du client sont autant de leviers qu'il faut actionner pour changer les choses et s'inscrire dans une dynamique positive et profitable à tous.

Pourquoi « Mon vendeur, ce héros ! » ?

Parce que le vendeur se prépare, il est alerte à tous les détails tant pour lui que pour son environnement. Il prend plaisir à accueillir, à observer le visiteur et à s'adapter à lui. Il est professionnel pour lui répondre et le conseiller. Il crée de la satisfaction, de l'enchantement, voire du bonheur quand le visiteur décide d'acheter et devient client.

Vous l'avez bien compris, ce livre a pour objectif de placer le vendeur au cœur du dispositif de vente pour :

- le positionner comme un sportif de haut niveau à qui on doit donner toutes les chances pour réussir ;

- mettre en évidence un certain nombre d'attitudes, de comportements et de règles pour changer les esprits et les mentalités ;

- qu'il sache utiliser à son avantage les outils digitaux pour mieux conseiller et servir les visiteurs ou les clients ;

- proposer d'acquérir les bons réflexes, les conduites à tenir et les façons de faire simples à utiliser ;

- permettre à chaque vendeur, à son management, mais également à ceux qui l'emploient, de se positionner dans l'excellence, dans le plaisir de la relation, dans le plaisir de servir et dans une dynamique où chacun doit être gagnant ;

- prouver qu'il n'est pas cohérent d'investir dans le *digital marketing* sans investir également dans l'accompagnement des vendeurs.

Ces points devant être pris en compte sans jugement, sans idée préconçue et sans jamais aliéner la personnalité du vendeur.

À qui ce livre s'adresse-t-il ?

Ce livre s'adresse aux plus de un million de vendeurs en point de vente mais également à leur patron, leur manager et les directions qui les emploient. Ce livre veut faire partager le témoignage de vendeurs et de managers de différents horizons professionnels. L'objectif est que chacun puisse se retrouver dans son environnement et ses spécificités. Il s'adresse également à toutes les personnes qui gèrent une « relation client » physique. De celles qui s'occupent d'un point d'accueil quel qu'il soit (dans un hôtel, un musée, les services publics...) à toute personne ayant à servir un client (restaurant, bar, guichet...). Il peut également intéresser le corps enseignant des métiers de la vente, les formateurs dans les centres de formation continue, les chambres de commerce, les chambres de métiers et de l'artisanat ou les syndicats professionnels...

Comment s'articule ce livre ?

Partant d'un fait, que les victoires sportives ne se gagnent pas uniquement avec la technique, mais aussi avec le mental, nous avons choisi de revisiter le processus de vente non pas en nous attachant à l'aspect technique, aux fondamentaux, mais en mettant en avant l'aspect humain et comportemental. Nous avons ainsi décidé de nous attarder sur les attitudes, les motivations, les comportements vis-à-vis du visiteur ou du client mais aussi de la marque, du produit...

Dans le premier chapitre, (La préparation et l'entraînement), nous partons du constat que trop de vendeurs sont envoyés sur le terrain sans être prêts. La préparation et l'entraînement sont pourtant indispensables, sans compter que le management y joue un rôle déterminant.

Dans le chapitre suivant (La performance ne s'invente pas, elle s'initie et se cultive), nous revisitons l'ensemble du processus ou du cérémonial de vente avec un regard nouveau.

- Beaucoup de choses peuvent changer en fonction de l'apparence du vendeur, de son regard, de ses gestes, de son sourire, de son attitude, de ses premiers mots. Savoir tout simplement dire bonjour, sans parler de la manière de le dire. L'ensemble de ces détails est à la base de l'accroche et d'un premier accord qui vont influencer irrémédiablement la suite du processus de vente (cf. Accueillir le visiteur).

- Profiter de cette relation créée avec le client pour mieux le connaître, prendre en compte ses origines, prendre le temps d'observer son comportement afin d'adapter la façon de faire dans le principal but de le satisfaire (cf. Observer et s'adapter au visiteur).

Viendront ensuite :

- l'écoute, afin de découvrir le besoin mais surtout les motivations, voire les désirs du visiteur et l'utilisation des outils digitaux qui sont mis à sa disposition (cf. Que veut le visiteur ?) ;

- le conseil, pour lequel la connaissance des produits est fondamentale, pour mieux servir le visiteur et l'utilisation des outils digitaux qui sont mis à sa disposition (cf. Répondre au visiteur et le conseiller).

- Il faudra également garder la maîtrise de la relation jusqu'au bout, afin de mener à bien la vente et de s'inscrire déjà dans la fidélisation (cf. Savoir conclure).

Il est temps de parler du vendeur, ce héros ! (cf. Accompagner mon vendeur, ce héros) en le reconnaissant, en élevant son niveau de compétences, en l'accompagnant et en le motivant. Impliquer son management dans l'engagement professionnel, établir des règles du jeu et un cadre de travail clairs. Fixer des objectifs... Comme on le dit : « les clients satisfaits et des vendeurs motivés font l'entreprise de demain ». En outre, un vendeur motivé est un vendeur plus heureux et cela se ressent.

Enfin, grâce à l'expérience de bien des professionnels, à la prise en compte de la vision des chercheurs, à l'implication active des « institutionnels », des syndicats et des hommes politiques, nous voudrions mettre en évidence tout ce qui peut être fait pour tenter de faire évoluer les choses et les mentalités et ne plus avoir de doute sur le fait que le vendeur est un héros (cf. Les nouveaux défis).

Au Japon, on ne dit pas que le client est « roi », mais qu'il est « Dieu » ! En France, le client trouvera grâce au vendeur du conseil, du plaisir, de la transparence, de la liberté et bien sûr du bien-être et l'envie de réaliser ses désirs !

Chaque rencontre va permettre de créer une belle histoire avec le visiteur et/ou le client.

Comment utiliser ce livre

Chaque chapitre reprendra les **mots clés** du sujet développé.

À partir du contexte seront ensuite détaillés **l'analyse** du sujet, illustré par des **exemples**, des **témoignages** ou des **interviews**.

La marque de ce livre est d'être opérationnelle et issue du terrain.

Au fil de la lecture, vous serez invité à vous connecter en utilisant les liens (QR codes) proposés qui vous dirigeront directement sur le site **www.monvendeurceheros.fr** :

Page d'accueil du site de Mon Vendeur ce Héros 5.0 :

Les fiches pratiques : « Bon à savoir » :

Les fiche pratiques : « À propos de… » :

Les interviews :

Ces fiches pratiques vous permettront :

- de puiser des réponses, des éclairages ou des pistes de réflexion
- des façons de faire et ou des façons d'être
- de participer aux exercices proposés
- de retrouver l'intégralité des témoignages ou des interviews
- de contribuer à la communauté

Chapitre 1
La préparation
et l'entraînement

Mots clés

ALIGNEMENT, RAYONNEMENT, PRÉSENCE, DISPONIBLE, DISPONIBILITÉ, CONCEN-TRATION, APPARENCE, TENUE, POSTURE, SE METTRE EN CONDITION DE, IDENTI-FICATION, SCRIPT DE VENTE, ORGANISATION DU TRAVAIL, TRAVAIL D'ÉQUIPE, CONNAISSANCES (SECTEUR D'ACTIVITÉ, MARCHÉ, ENTREPRISE, PRODUIT, STRA-TÉGIE/OBJECTIF, CONCURRENCE), RESPECT DES CODES, DES VALEURS DE LA MARQUE, COMPÉTENCES, MOTIVATION, COHÉSION, PRÉPARER MON AMBASSADE (ESPACE DE VENTE), PARRAIN, TUTEUR, TUTORAT.

Contexte

Il est incontournable que la préparation est une étape clé, pour ne pas dire déterminante, pour la réussite dans la vente. Le commerce de détail n'échappe pas à cette règle.

De même, nous imaginons mal un sportif de haut niveau se lancer dans la compétition sans une sérieuse préparation.

L'entraîneur est là pour l'aider :

- en lui donnant les moyens de s'entraîner ;
- en lui construisant un plan de travail pour qu'il monte en puissance ;
- en l'accompagnant et le motivant.

Le sportif, ensuite, s'entraînera sans négliger aucun paramètre, quand on sait combien la victoire se gagne avec le souci du détail.

Pour devenir un héros, le vendeur doit s'engager dans cette dynamique. Tout d'abord, il n'est pas seul pour réussir. Son management joue un rôle prédominant en lui donnant la connaissance, la méthode et l'envie. Le vendeur pourra ensuite s'entraîner afin d'être prêt le jour venu pour accueillir son premier visiteur. Le vendeur sera alors performant et efficient que s'il y trouve du plaisir.

Le rôle du manager dans la préparation

Notre environnement change, il change même très vite. Le management doit s'adapter à toute évidence. Les jeunes occupent de plus en plus les postes de vendeur. On parle d'ailleurs de la génération Y, dite instantanée :

- d'un côté un sens facile de la communication, investi par l'esprit communautaire et à la recherche évidente du bien-être,
- de l'autre côté, cette rapide impatience, le besoin de donner une opinion et que tout peut à tout moment être remis en question.

Le manager doit puiser toute l'énergie de cette nouvelle génération pour la canaliser et en faire un moteur. Il doit prendre en compte ces points dans une communication quasi permanente, avec une grande capacité d'écoute et le souci impérieux de faire adhérer, de motiver et d'emmener (leadership) son équipe vers les objectifs fixés.

Alors parle-ton d'esprit start-up, de « symétrie des attentions », de « pyramide inversée » ? C'est ce que nous développerons dans les pages suivantes.

Être prêt, c'est attacher toute l'importance nécessaire à l'environnement du point de vente, décliner et appliquer la stratégie commerciale, connaître les produits, connaître la politique commerciale, appliquer les règles de *merchandising*, utiliser les outils *marketing*, travailler la présentation, connaître les objectifs et utiliser les moyens et les outils mis à disposition pour les atteindre et les dépasser.

Notre volonté est de nous attarder uniquement au rôle du manager dans sa relation avec son ou ses vendeurs pour le(s) révéler dans son (leur) métier.

Accueillir

Il n'est pas exagéré de dire que la façon dont le vendeur sera accueilli en dira long sur l'état d'esprit de la maison qui l'emploie. Prendre le temps d'accueillir un nouveau vendeur, c'est confirmer toute l'importance que l'on attache à son arrivée. En étant disponible dès son arrivée, en lui souhaitant la bienvenue, en lui faisant faire le tour du point de vente, en lui présentant chaque collaborateur, en lui présentant son environnement de travail, en fixant le planning des jours à venir, le manager lui confirmera :

- l'attention qu'il lui porte, dans une relation donnant-donnant ;
- l'envie qu'il s'intègre au mieux ;
- qu'il a sa place à part entière dans son nouvel environnement de travail ;
- qu'il s'éveille à la culture de l'entreprise, son histoire, son identité, son vocabulaire, ses codes, son organisation et ses modes de fonctionnement.
- également, et sans équivoque, ses attentes au sujet des règles, des procédures de la façon de faire et de la façon d'être, en fixant le planning de sa montée en puissance avec les objectifs intermédiaires à atteindre.

Le manager donne le ton, insuffle un état d'esprit, propose des méthodes et des outils, fixe des objectifs et accompagne. Le vendeur, en contrepartie, sait qu'il ne sera pas seul, que l'on compte sur lui et qu'il se concentrera sur l'apprentissage de son nouveau métier.

Le manager fera de la réussite de l'intégration de son nouveau collaborateur sa réussite personnelle. La montée en chiffre d'affaires et la satisfaction des clients sont des indicateurs qu'il suivra avec plaisir pour confirmer le degré d'apprentissage du vendeur.

Transmettre la compétence

Heureusement, les choses évoluent dans le bon sens, Internet y est certainement pour quelque chose. Combien de fois, en tant que visiteur, avons-nous approché un vendeur pour chercher un renseignement, un complément d'information ou un conseil et nous sommes-nous trouvés en face d'une personne hésitante, peu concernée et, le plus souvent incapable, de nous renseigner ?

C'est au manager de transmettre à son ou ses vendeurs :
- la politique de la maison « Créer la culture maison pour créer la culture client » ;
- la connaissance des produits et de leurs caractéristiques ;
- les références, le stock, les outils pour s'informer sur les disponibilités ;
- les procédures :
  - les tâches de la journée,
  - les réassorts,
  - le service après-vente,
  - les cas particuliers ;
- Donner les bons outils et former à leur utilisation ;
- la politique commerciale, les prix, les éventuelles marges de manœuvre ;
- les objectifs de ventes...

Depuis plusieurs années de nombreuses enseignes et maisons l'ont bien compris en investissant et en s'engageant dans des programmes de formation certifiants et/ou diplômants adressé à leurs managers mais également à leurs adjoints. En plus des connaissances indispensables en gestion et en merchandising, ces formations sont conçues pour coller à l'esprit et la stratégie de la marque et aguerrir les participants aux méthodes de management (voir plus loin les méthodes) pour former, motiver leurs équipiers : « Les vendeurs » dans un dynamique d'amélioration continue, voire d'excellence.

Il faut avoir à l'esprit que cette mission est un travail de tous les instants et s'inscrit dans la continuité. La volonté est d'impliquer, d'accompagner le développement des compétences, de faire grandir ses collaborateurs afin qu'ils se sentent bien dans leur mission. C'est un des enjeux majeurs pour pérenniser le point de vente et confirmer que l'humain est un levier de l'innovation.

Certaines marques ont modifié leur stratégie Client en repensant les missions de leurs collaborateurs. L'objectif étant de ne plus faire uniquement du réassort ou de la remise en ordre des rayons mais également savoir accueillir, renseigner, conseiller, faciliter le parcours du visiteur.

En donnant au vendeur tout ce qu'il faut pour lui permettre d'assurer son métier dans de bonnes conditions. Cela évite de créer des situations de souffrance, où le vendeur subit ; le visiteur ou le client ne le comprendrait pas et le ferait bien sentir.

Témoignage

Martin, conseiller de vente pour une grande marque de prêt-à-porter homme à Vélizy : « *Maintenant que j'ai acquis de l'expérience, je me rends bien compte que je fais la différence en offrant du conseil et en ayant des réponses à toutes les questions, que cela soit sur les tendances dans un costume jusqu'à donner des explications sur les retouches, auxquelles le client ne s'attend pas forcément.*

Pour être à l'aise, il faut savoir et connaître, c'est pour cela que l'apprentissage intervient en trois temps :

- *une formation théorique, sur la marque, le vocabulaire, les produits, les caractéristiques...*
- *une formation de terrain où je suis pris en charge par **un parrain**. Celui-ci m'aide à approfondir mes connaissances sur :*
  - *la technique,*
  - *les recommandations sur la politique commerciale, appuyées par des mails réguliers du service marketing,*
  - *les processus de vente, en prenant en compte les choix et les usages de la maison,*
  - *comment on prépare les paquets,*
  - *comment on accompagne le client jusqu'à la sortie ;*

- *puis, au fil de mes premières expériences en solo, intervient le suivi avec mon manager.*

J'ai pu réaliser que le client ne vient pas que pour acheter, mais également pour savoir ce qu'il achète et prendre du plaisir à acheter. Cela nécessite de savoir se mettre à la place du client, pour se synchroniser avec lui, et ça marche ! »

Les vendeurs compétents ont un niveau de motivation plus élevé, ils maîtrisent leurs tâches et, en conséquence, se sentent responsables de ce qu'ils font.

On imagine mal lancer une personne dans une piscine sans s'inquiéter de savoir si elle sait nager... Le vendeur ne doit pas être « lâché » sans lui avoir transmis tout ce qui lui est nécessaire pour bien accueillir, servir et conseiller le visiteur.

Lui donner les bons outils

C'est un enjeu pour lequel le manager est l'acteur privilégié. Avant d'équiper les vendeurs, il faut préalablement équiper les managers !

L'équipement du manager renforce sa légitimité pour animer les réunions, faciliter la communication ascendante et descendante, former les vendeurs, renseigner les clients, faire vivre les programmes de fidélité, le suivi des indicateurs de performance...

L'utilisation de ces outils s'imposera tout naturellement ensuite à chaque membre de l'équipe.

L'objectif est clairement annoncé :

« les bons outils font les bons ouvriers »

Témoignage

Charles Senaux, LesEchos.fr, 3 mars 2017

« Si les attentes des clients sont fortes, celles des vendeurs ne sont pas en reste, du moins en ce qui concerne leur équipement de travail. En effet, sans outils appropriés, ils ne peuvent pas pleinement satisfaire le client et donc assurer un maximum de ventes. À l'heure de l'avènement numérique, le vendeur doit avoir plus de valeur ajoutée que le site web. Sinon pourquoi le client viendrait-il en magasin ? Un vendeur correctement équipé sera le garant de la meilleure expérience client possible ! »

Accompagner

L'accompagnement est la clé de la réussite dans le temps. Même avec un grand degré d'autonomie, un vendeur accompagné est un vendeur qui progresse de manière efficace et efficiente. La densité du métier en vente de détail le nécessite, encore plus qu'ailleurs.

Beaucoup de paramètres font qu'il y a des bonnes et des moins bonnes journées : la fréquentation, la météo, l'humeur des visiteurs, les problèmes du quotidien (absences, stock, réassort, incivilités...). Un manager disponible et présent pour ses équipes peut rebondir au fil de la journée sur ces différents paramètres en accompagnant, en expliquant, en entraînant et ou en débriefant ses vendeurs et en faisant un feed-back positif.

Interview

Romuald Petiteau

Store manager d'une maison de haute couture (extrait)

La motivation et l'implication de mon équipe sont un travail de tous les jours.

Motiver par les chiffres. Il faut savoir communiquer clairement sur les objectifs de la boutique : une boutique, c'est d'abord un centre de profit. Chaque jour, j'anime un *briefing* court à l'ouverture de la boutique pour lancer la journée. Cela passe par la performance des conseillers de vente par rapport aux objectifs du jour, du mois, du trimestre et de l'année. Chacun est valorisé par rapport aux résultats, à titre individuel et collectif, en toute honnêteté et transparence. Tous les conseillers de vente ont le même objectif. Je divise l'objectif de la boutique par le nombre de conseillers de vente et le nombre de jours travaillés par chacun.

Je garde le vouvoiement avec les conseillers de vente, c'est une distance et une barrière.

Motiver par la communication. D'abord, c'est m'assurer de la bonne forme et des bonnes dispositions de mon équipe. J'applique des « petits trucs » quand l'équipe n'a pas le moral. Par exemple, je leur fais faire la liste des points positifs de la journée et, petit à petit, ils se rendent compte que celle-ci finit par être longue. Je peux également leur dire que j'ai gagné au Loto et que je souhaite leur faire un cadeau. Je leur demande quel serait alors leur souhait. Les réactions sont superbes et les visages se transforment. Dans les deux cas, l'équipe retrouve le sourire. C'est essentiel de porter le sourire et l'optimisme. C'est agréable à faire et cela contribue pleinement à l'unité de notre groupe.

Ensuite, il s'agit de communiquer sur les événements, sur la marque, les nouvelles boutiques dans le monde... C'est essentiel de faire une communication officielle à toute l'équipe, sinon l'information se perd. C'est également l'occasion de renforcer les messages sur la marque, ses valeurs, ses codes... et que mon équipe se les approprie.

Motiver par le planning. Je suis très à l'écoute et je réponds très vite aux diverses sollicitations. Il est par exemple impératif que chaque collaborateur ait au moins un week-end *off* par mois. Je me positionne dans une dynamique « gagnant-gagnant » : je réponds au mieux aux sollicitudes, en contrepartie, j'ai des collaborateurs sur lesquels je peux compter à cent pour cent. Cela a pour conséquence un taux d'absentéisme très faible. D'autres managers « gardent » le planning en croyant que c'est la clé du pouvoir. Pour moi, le planning doit être partagé.

Retrouvez l'intégralité de l'interview en utilisant le lien suivant :

Interview

Pierre Havransart

Directeur de l'exploitation du groupe Agora Distribution, qui compte notamment en son sein les marques Fabio Lucci, Tati et Gigastore.

« Depuis 2010, nous avons mis en place un vaste plan d'amélioration des compétences afin d'inscrire les collaborateurs dans un cercle vertueux où l'humain est mis en avant. L'objectif est d'être le plus possible présent sur le terrain, d'identifier les potentiels, de former, de repérer les axes d'amélioration et de pousser les leaders. [...]

Le métier nécessite de la rigueur et de la constance de par la polyvalence des missions associées à chaque poste. [...]

Nous accompagnons et formons également nos collaborateurs aux produits. Tous les six mois, nos chefs de groupe présentent l'intégralité des collections en mettant en avant les différents thèmes. La révolution des produits a permis aux collaborateurs de regagner une certaine fierté de la marque. Quand vos collaborateurs achètent vos produits, c'est gagné. Il y a quatre ans, peu de collaborateurs achetaient les produits Tati. [...]

Tous les jours, le directeur commence la journée en réunissant le personnel et organise son briefing. L'objectif est double :
- *rappeler les règles fondamentales de l'accueil, les consignes pour être sympathique avec les clients ;*
- *partager l'information sur la maison, les objectifs, les opérations, les promotions, le programme de fidélisation...*

Un point essentiel aujourd'hui, c'est de communiquer et de valoriser les points positifs (les résultats de chiffres d'affaires, la quantité de produits traités en réserve...). L'intérêt est de développer une culture du positif et ainsi soutenir la dynamique des équipes.

Il nous appartient, en tant que manager, d'être sur le terrain. Dire les choses qui vont bien, en les expliquant, en les valorisant nous permet de mettre les choses en perspective, de rendre nos équipes plus détendues, plus motivées... et donc plus efficaces. Certains ont envie d'évoluer dans nos organisations.

Il n'est pas imaginable qu'un manager, que ce soit le directeur régional ou n'importe quel directeur, puisse démarrer sa visite sans dire bonjour à chaque collaborateur. Le soir, au risque de rater son train ou son avion, il en sera de même. Nous nous imposons de dire au revoir à chaque collaborateur, c'est la dernière image que nous lui laissons. Tout ceci participe à l'esprit que nous construisons chaque jour.

L'année dernière, nous avons conçu un livre Tati à la folie *pour raconter la vie de nos collaborateurs chez Tati, valoriser leur métier, leur redonner un fort sentiment d'appartenance. »*

Retrouvez l'intégralité de l'interview en utilisant le lien suivant :

Ces deux témoignages montrent combien le management doit être présent au quotidien en accompagnant les vendeurs dans leur mission et dans l'atteinte des objectifs.

Le vendeur est exposé, il est dans la relation, dans la communication, le service. Le meilleur et le moins bon peuvent arriver, ce qui nécessite une attention toute particulière. Quels que soient le métier, la taille du point de vente ou son image, ces deux managers ne s'y sont pas trompés et utilisent les mêmes « bonnes » recettes.

Prendre en compte :
- « ça ne va pas »,
- « c'est dur en ce moment »,
- « il n'y a pas personne dans le point de vente ! »,
- « je ne vais pas atteindre les objectifs »,
- « l'ambiance n'est pas top »,
- « ce matin je ne suis pas en forme »...

Il est urgent de mesurer, le plus régulièrement possible, l'évolution de ces ressentis. À l'instar des techniques pour lever une objection, il est nécessaire de reposer tout de suite des questions afin de comprendre le sens et le fond de ce type d'affirmations.

Les réponses permettent de découvrir les raisons plus profondes, les ressentis et essayer d'en déterminer la sincérité et l'objectivité.

La santé de nos collaborateurs est un des premiers indicateurs à mettre en place et à suivre. Comme le dit Sir William Thomson : « Si vous ne pouvez pas mesurer, vous ne pouvez pas l'améliorer ». Mesurer avec régularité l'état psychologique de ses salariés, c'est travailler dans la sincérité, dans la mesure et dans le renforcement de la cohésion.

C'est le premier signal d'attention du manager envers son collaborateur : il existe, il est spécifique et il est membre de l'équipe.

En considérant ses collaborateurs comme les premiers clients du point de vente, on les place comme les ambassadeurs tant des clients que de la marque. Comme le dit Henry Ford : « Ce n'est pas l'employeur qui paie les vendeurs, mais le client ».

Plus le collaborateur se sent bien et impliqué, plus il est efficace, efficient et créatif. Pourquoi les rapports d'étonnement n'ont-ils jamais eu autant de succès !

On est bien là dans une dynamique de confiance, d'état d'esprit, d'amélioration continue… Ingrédients indispensables au bien-être du collaborateur, des clients et de la réussite de l'entreprise.

Partager les objectifs

Pour atteindre ses objectifs puis les dépasser, le sportif va s'entraîner en se fixant des objectifs intermédiaires, en stabilisant ses résultants et en réitérant la performance. C'est sur ces « fondamentaux » que la montée en puissance se consolidera.

L'objectif premier du commerce est de réaliser du chiffre d'affaires en répondant au besoin et à l'attente du client. L'objectif quantitatif et/ou qualitatif devrait être aujourd'hui partagé avec le vendeur, le vendeur se l'approprie et est responsable de sa réalisation. Le manager ne se contentera pas de fixer des objectifs puis d'attendre qu'ils se réalisent. Il doit en faire plus.

Motiver, motiver…

Comme l'entraîneur avec son athlète, le manager est là, sur le terrain, pour accompagner le vendeur en développant sans relâche sa motivation. Il aura une attention spécifique pour lui en s'assurant :

- qu'il se sent à l'aise dans son environnement, environnement qui évolue constamment, comme nous venons de le voir, dans le commerce de détail ;
- qu'il sait s'adapter aux situations et aux comportements, en premier lieu, des visiteurs ou des clients, mais également de l'équipe à laquelle il appartient ;
- qu'il a les capacités, le savoir-faire et qu'il sait pourquoi il les met en œuvre ;

- que sa mission est en phase avec ses valeurs et ses croyances et qu'il se sent utile ;
- qu'il a pleinement sa place dans la maison qui l'emploie, en adhérant à son image, à ses valeurs et à ses codes.

Parce que c'est important pour lui d'être associé à l'atteinte des objectifs et d'en être partie prenante. Faire progresser son entreprise tout en progressant lui-même.

Le manager lance des défis, donne une image positive de l'avenir, libère les énergies, transcende les potentiels pour emmener son vendeur et son équipe vers les objectifs à atteindre. Il est donc leader.

« En associant des employés engagés à un management responsable, une entreprise peut créer de la valeur en très grande quantité pour elle-même et pour ses clients »

Extrait de « Employees first, customer second ».
Vineet MAYER - Diateino

Fiche pratique 1

Le rôle du manager, motiver, motiver...

L'apparence pour accueillir et servir

Témoignages de clients

Dans une boutique de prêt-à-porter

« La conseillère de vente a un chemisier tout froissé, les cheveux mal peignés, les mains dans les poches de son pantalon... bonjour l'accueil ! »

Dans un grand magasin

« Je m'approche d'un vendeur que je reconnais grâce à son uniforme. Déjà, les couleurs sont discutables, mais ce qui m'a le plus frappé, tout de suite, c'est que sa chemise et sa cravate étaient exagérément ouvertes, son gilet n'était pas boutonné et ses chaussures donnaient l'impression qu'il venait de traverser un champ labouré. »

À la terrasse d'un café

« Cela faisait déjà un bon bout de temps que nous étions assis en terrasse. Un serveur se dirige tout de même vers nous. Il est plutôt dans le style rapide, mais ce que l'on n'est pas prêt d'oublier, c'est cette odeur de transpiration, les taches en tout genre sur sa veste et une grande fatigue sur son visage. »

À l'hôtel

« Le voyage a été long, j'ai hâte d'être dans ma chambre et de prendre un bon bain. Dans le hall d'entrée, je me dirige vers l'accueil pour l'enregistrement. Derrière le comptoir se tient un réceptionniste, droit, costume impeccable, cheveux coiffés. Il me regarde et me sourit avant de me dire "bienvenue". »

Analyse

Des situations de ce genre, nous en avons tous vécu un jour ou l'autre. Parfois elles nous heurtent, nous contrarient et ne nous donnent qu'une envie : changer de commerce.

Dès le départ, avant même que le client ait expliqué l'objet de sa visite, de sa demande d'information, avant qu'il ait passé commande ou se soit enregistré, l'apparence du vendeur communique et détermine immédiatement et, souvent de façon irrévocable, une bonne ou une mauvaise impression.

Pour développer l'importance de l'apparence, nous allons distinguer l'apparence intérieure de l'apparence extérieure.

L'alignement

En 1990, Pierre Catelin crée « l'approche de l'alignement » et prend en compte l'être humain et son fonctionnement dans toutes ses dimensions : physique/matérielle, énergétique/émotionnelle, consciente/mentale, relationnelle/sociale, spirituelle/intuitive.

L'alignement se définit comme l'accord entre, d'une part, ce que je suis, ce que je pense et, d'autre part, ce que je fais, dans mon métier, ma responsabilité de vendeur. La question est : « suis-je à la bonne place ? ». Par rapport à ma personnalité, mon mode de pensée, mes croyances, suis-je en phase avec :

- mon environnement de travail, c'est-à-dire avec les personnes qui m'emploient, les collaborateurs, le lieu de travail dans lequel je vais

évoluer et surtout la marque et les produits que je vais vendre ;
- les valeurs de la marque pour laquelle je travaille ;
- le niveau d'implication attendu (niveau de responsabilité par rapport à ma mission, vis-à-vis de l'équipe (entraide)…) ;
- le résultat que l'on attend de moi, les objectifs, les moyens ?

Exemples

« Suis-je capable de vendre des produits pour la chasse, si j'ai une aversion pour les chasseurs ou tout ce qui contribue à tuer des animaux ? »

« Suis-je capable de vendre un produit de luxe à des clients fortunés si j'ai une aversion non comprise et non contrôlée à servir ce type de client ? »

L'alignement est important pour se sentir bien et être en confiance avec soi-même. Il est une des clés qui permet de développer tout son potentiel. Il en est de votre propre responsabilité, mais également de celle des recruteurs ou des patrons afin de ne pas se trouver dans une impasse ou une incompréhension.

Le rayonnement

Werner Knigge, dans un document intitulé « La magie d'un rayonnement positif », explique comment chacun peut arborer un rayonnement positif.* L'apparence est révélatrice du rayonnement intérieur des vendeurs et/ou des clients. Le rayonnement intérieur est une combinaison de notre pensée et de nos sentiments. Si nous pensons que notre rôle de vendeur est réduit au simple acte de vente, nous passons à côté de notre mission de professionnel. Le rayonnement est propre à chacun d'entre nous. Il est fonction de notre motivation personnelle et de notre capacité à se prendre en main. Le client le percevra immédiatement par l'intensité du rayonnement.

« L'homme est ce qu'il pense. Ce qu'il pense rayonne. Ce qu'il rayonne attire. ». Auteur inconnu[8]

Constat

Après plusieurs semaines de grisaille, le soleil refait son apparition. Que constatons-nous ? Les gens ressortent, se promènent, vont à la mer ou à la campagne et tout naturellement se dirigent vers une terrasse de café, un restaurant, font une activité culturelle ou sportive... en un mot, ils consomment. Au point que le soir, le journal télévisé en fait écho en nous montrant des gens heureux et des commerçants ravis de refaire des affaires. Il suffit donc d'un peu de soleil pour que les gens consomment.

En quelque sorte, à votre niveau, par votre rayonnement, soyez le soleil de votre magasin et les affaires viendront plus facilement à vous ! L'intensité de votre rayonnement va faire évoluer l'attitude de votre client et favorisera la création de la relation et du niveau de confiance et l'accompagnera tout au long du processus.

Vous véhiculez une image induite de votre personnalité, mais également de la politique de l'établissement qui vous emploie. « Je ne suis pas un simple vendeur dans un magasin, mais je suis un expert en hi-fi qui aide ses clients à profiter pleinement de l'émotion de la musique. » Le vendeur est l'ambassadeur de la marque. Il décline dans ses actions quotidiennes et ses actes les messages et les codes qui entourent la marque, que cela soit dans un restaurant rapide, chez le commerçant du quartier ou dans une boutique de luxe.

---

8. Anonyme, *in* Werner Knigge *La magie d'un rayonnement positif,* traduit de l'allemand.

Au-delà de notre propre état d'esprit, nous devons nous adapter à notre environnement de travail sans pour cela vendre notre âme au diable. Au moment du recrutement, vendeur et/ou recruteur doivent échanger sur la culture, les valeurs et les codes en pratique dans l'entreprise. Le vendeur vérifie qu'il adhérera naturellement à cette politique, qu'il se sentira bien et sera l'ambassadeur de la marque qu'il représente. Par exemple, une hôtesse de l'air qui serait réticente à porter l'uniforme *ad hoc* et à adhérer aux règles d'apparence de la compagnie souffrirait tous les jours de porter un costume qu'elle n'assume pas.

L'apparence extérieure

Le code vestimentaire intervient à part entière dans votre apparence. Il devient une règle incontournable de votre identité personnelle comme de l'enseigne ou de la marque que vous représentez. Vécu comme un respect de l'autre, il contribue à bien amorcer la relation avec le client. On parle ici de tout ce qui touche à l'image physique du vendeur. Cela va de la tenue aux détails propres à chacun, jusqu'à la posture.

La tenue

Elle sera en harmonie avec les valeurs et l'image de la marque ou de l'enseigne voire avec les codes couleurs du magasin. La tenue permet de repérer rapidement le rôle de chacun (vendeur ou client) et de créer un sentiment d'appartenance à l'équipe et donc à l'enseigne et à la marque. Elle contribue à se démarquer de la concurrence par une image reconnaissable et identifiable pour le client.

L'uniforme est surtout porté dans les maisons de luxe, qui gèrent d'ailleurs ce sujet avec beaucoup de confidentialité. Il est également porté par un grand nombre de grandes enseignes sous différentes formes (Starbucks Coffee, Abercrombie, Darty...).

La tendance qui semble faire école dans beaucoup de marques d'habillement est d'habiller le personnel avec sa propre collection selon un principe de « dotation de vestiaire », avec des règles différentes entre les maisons. C'est le cas de COS, The Kooples, Comptoir des Cotonniers ou Marc by Marc Jacobs, Valentino...

S'il n'y a pas d'uniforme, le vendeur s'habillera selon le thème, le style et l'image de la maison ou de l'enseigne pour laquelle il est l'ambassadeur.

Exemples

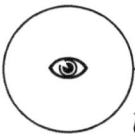

Une vendeuse chez Annick Goutal doit s'appuyer sur une image précise : un pantalon noir, un top de couleur pastel ou noir et un blazer. Son maquillage sera léger avec des couleurs pastel ou « nude ». Les chaussures seront soit des ballerines soit des escarpins.

Chez Forever 21, les vendeurs n'ont qu'un seul code : s'habiller aux couleurs de la marque et diffuser une image jeune et colorée.

L'utilisation de badge, avec prénom, nom de l'enseigne, titre commercial, facilite et personnalise la prise de contact. Il communique l'engagement voulu par la marque. On rencontre plusieurs cas : soit les vendeurs sont fiers de porter leur badge (appartenance, légitimité, distinction), soit ils sont réticents au point de demander s'ils peuvent utiliser un faux prénom.

Fiche pratique 2

Apparence physique, revue de détail

Certaines boutiques ont installé des grandes glaces dans l'arrière-boutique pour que chaque vendeur puisse faire un contrôle et vérifier que tout est OK, car, comme on vient de le développer, tous les détails comptent.

Témoignage

« Nous avons eu la chance de nous rendre à plusieurs reprises en Italie. Florence et Rome nous ont enchantés. Au-delà de ces villes-musées, ce qui nous a ravis également, c'est de voir chaque soir les Italiens déambuler en se pavanant. Ce qu'ils appellent la passeggiata *est un véritable « défilé de mode », via Roma et/ou Del Corso que l'on soit à Florence ou à Rome. Sont-ils fiers de leur ville et de leur qualité de vie ? En tout cas, leur façon de s'habiller, le soin avec lequel ils le font donne cette impression. »*

La posture

Elle est omniprésente tout au long du processus de vente et s'invite déjà au travers de votre apparence.

Pour ceux qui ne le savent pas, le métier de vendeur est physique. Mais que pense le client, quand il entre dans un magasin, d'un vendeur adossé à un comptoir, les bras croisés, le dos voûté et la tête baissée ou d'un vendeur assis, affalé sur un meuble (table ou comptoir), qui se lève ou se redresse à l'entrée du visiteur, donnant l'impression que celui-ci dérange ? Votre posture est le témoin de votre alignement et de votre rayonnement. Elle met en valeur votre professionnalisme. Vous devez donner envie d'aller au-devant de vos clients. Votre apparence y contribue, il vous appartient d'appliquer vos propres codes et ceux de la maison qui vous emploie dans la durée et cela doit devenir un réflexe incontournable.

« La première impression est toujours la bonne, surtout quand elle est mauvaise ! », dit-on. C'est pour cela qu'il faut prendre le temps de la préparation afin que ces détails soient acquis avant même de recevoir son premier visiteur.

Fixer ses propres objectifs

Nous verrons plus tard, au-delà des objectifs qui seront fixés, que vous devez avoir vos propres objectifs. Chaque vendeur décide du sens qu'il donne à son travail. Sa performance varie selon qu'il travaille essentiellement pour un salaire ou bien également pour développer son estime de soi et/ou son autoréalisation. Ces différents besoins sont représentés et hiérarchisés dans la pyramide des besoins.

Pyramide des besoins de Abraham Maslow (1908-1970),
psychologue américain.

Être prêt, c'est en premier lieu être là, être à ce que l'on fait : être dans le moment présent, c'est-à-dire accueillir le visiteur.

Chapitre 2
La performance ne s'invente pas, elle s'initie et se cultive !

Accueillir le visiteur

Mots clés

BONJOUR, BIENVENUE, POLITESSE, RESPECT, SAVOIR-VIVRE, SIGNE DE RECON-NAISSANCE, CONVIVIALITÉ, CRÉER UNE RELATION, MISE EN CONFIANCE, INVITER, POSTURE, REGARD, SOURIRE, GESTUELLE, DISTANCE, PERSONNALISATION, ÉQUILIBRE.

Contexte

Qu'est–ce que l'accueil ?

Il y a deux sortes d'accueil : celui que l'on fait et celui que l'on reçoit. L'accueil que l'on fait témoigne des dispositions, d'une attitude de « l'accueillant » pour celui qui est accueilli. Le vendeur manifeste sa sociabilité au visiteur qui la reçoit.

Indépendamment de son emplacement, la performance d'un point de vente repose sur sa capacité à :

• attirer des visiteurs ;
• transformer une simple visite en achat ;
• fidéliser le client pour lui donner envie de revenir et faire en sorte qu'il recommande le magasin ou la marque.

Dans ce processus, le magasin doit être capable de répondre à l'humain (ses clients) par l'humain (ses vendeurs)[9]. L'accueil en est la première étape.

Le premier point de contact pour le visiteur est la vitrine et/ou la marque, mais tout de suite après, c'est l'accueil physique. Bien sûr, l'atmosphère, le décor, l'animation (l'odeur, le visuel et l'auditif, l'usage d'outils de plus en plus évolués et sophistiqués) contribuent à l'accueil mais, comme pour l'acte de vente, c'est le vendeur qui fera la différence.

Après l'apparence, c'est l'**attitude** et l'**accroche** qui contribueront aux premiers **éléments** de mise en contact avec le visiteur.

Pourquoi accueillir le visiteur ou son futur client ?

C'est d'une importance capitale.

• Parce que cela fait partie des codes de la politesse, de la convenance et du respect. Ne vous y trompez pas, la politesse n'est pas quelque chose de ringard. Elle contribue à rendre la relation plus facile. Elle est indissociable de la qualité de l'accueil et de l'attention que vous accordez à votre client, comme de la façon dont vous allez le servir.

---

9. Michel Choukroun, *Les dynamiques de succès de la distribution : l'efficacité par le pragmatisme et l'innovation*, Dunod, 2012.

*« Quand vous croisez un voisin, vous dites simplement "**bonjour**". En lui souhaitant une belle journée, vous lui montrez qu'il n'est pas un inconnu pour vous et qu'il existe. Ce n'est pas grand-chose, mais ce n'est pas sans importance non plus. De même, le mot "**merci**" vous permet d'envoyer un message de reconnaissance de ce que l'autre vous a donné. Un merci est un mini-cadeau qui répond à un autre cadeau. Ce sont donc des échanges d'objets positifs. »*[10]

La politesse est un facteur de différenciation. On ne vend pas son âme en étant poli. En y adhérant, la politesse fait alors naturellement partie de vos valeurs comme de celles de la marque ou de l'enseigne que vous représentez.

- Pour montrer au visiteur que vous l'avez vu, que vous allez lui accorder votre attention, que vous êtes accessible et disponible et qu'il n'est pas « transparent ».

Un client : *« Autant je ne veux pas que l'on me saute dessus dès que j'entre dans un magasin, par contre, c'est bien de pouvoir croiser rapidement le regard d'un vendeur et que celui-ci me renvoie un message de disponibilité quand j'en ai besoin. »*

- Parce qu'il prend du plaisir à accueillir le visiteur et que cela se voit.
- Parce que votre sens de la convivialité va le mettre à l'aise. On le fait bien pour les gens que l'on apprécie. Pourquoi, avec certains égards, n'en serait-il pas de même avec votre visiteur ?
- Pour créer, d'emblée, une relation et mettre le visiteur en confiance.
- Pour personnaliser la relation avec le visiteur.

C'est cette confiance qui permettra, dans beaucoup de cas, d'éviter des incompréhensions ou des déconvenues et, surtout, de rentrer plus vite dans la subjectivité du besoin et du désir du visiteur. C'est à ce moment

---

10. Philippe Violon, rédacteur en chef du site internet www.e-sante.be

que vous créez du positif, ingrédient indispensable pour aller plus loin dans un processus de vente. C'est une vérité : *« On n'a jamais deux fois l'occasion de faire une première bonne impression »* [11].

Communiquer avec le visiteur, mais comment ?

Nous allons voir qu'il est possible de communiquer par le langage non verbal avant même que vous prononciez les premiers mots d'accueil. Ce langage vous accompagnera également tout au long de vos échanges. En effet, votre corps communique. Il s'agit de votre premier regard, de votre sourire et de vos premiers gestes, avant même les premiers mots. Ils vont déterminer la mesure et la conviction que vous mettez à entrer en communication avec votre visiteur.

Selon des études réalisées par Albert Mehrabian[12], professeur de psychologie à l'université de Californie, le langage du corps représente 93 % du jugement d'une personne contre 7 % concernant les mots émis. 38 % du pouvoir de conviction passent par l'intonation mais 55 % passent par le regard ou l'expression visuelle.

C'est bien toute la force du langage du corps que nous allons développer maintenant, avant même de dire au visiteur « bonjour » et « bienvenue ».

---

11. Albert Mehrabian, Morton Wiener, « Decoding of inconsistent communications », *Journal of Personality and Social Psychology,* may 1967, vol. 6 (1), pp. 109-114.
12. Albert Mehrabian, Susan R. Ferris, « Inference of Attitudes from Nonverbal Communication in Two Channels », *Journal of Consulting Psychology,* juin 1967, vol. 31 (3), pp. 248-252.

Dire « bonjour » et « bienvenue » sans parler

Analyse

Le regard et le sourire forment un couple indissociable avec lesquels tout peut arriver et auquel on associera le geste. On parle du langage non verbal.

Le regard

Un exemple pour illustrer combien le regard est important dans l'accueil.

Exemple

Hugo, commercial : « Je propose à mon épouse de nous retrouver à la station de métro Saint-Sulpice à Paris, afin de chercher ensemble le sac que je souhaite lui offrir pour son anniversaire.

Après nous être attardés devant plusieurs vitrines, nous entrons dans un magasin, rue du Vieux-Colombier. Dès la porte franchie, nous nous dirigeons vers le rayon maroquinerie. La collection était belle et dans l'esprit de notre recherche. Une seule personne était dans la boutique affairée à son terminal de caisse. Elle nous a vaguement dit bonjour, sans quitter les yeux de son terminal. Elle a continué ainsi pendant notre découverte. Le manque de chaleur et d'accueil ne nous a pas incités à nous attarder. Rue de Rennes, nous nous sommes arrêtés devant la boutique d'une marque qui nous était inconnue. La vitrine comme l'intérieur de la boutique étaient bien pensés. Le cuir était le dénominateur commun des différentes collections présentées avec goût dans une ambiance chaude et musicale. À peine entrés, notre regard a croisé le sourire simple d'une des conseillères de vente. Elle était au centre du magasin, droite, les bras pendants, légèrement ouverts, sans bouger. C'est seulement au renvoi de notre sourire qu'elle nous a dit « bonjour ». Toujours en place, elle nous a ensuite dit : « bienvenue chez F... » et nous a indiqué qu'elle se mettait à notre disposition si nous le souhaitions. C'était une belle boutique mais le style n'était pas celui que nous cherchions. Au moment de prendre congé, la conseillère de vente s'est approchée et nous a remis une brochure expliquant qu'elle contenait les différentes collections et qu'elle espérait nous revoir. À nos remerciements, elle nous a souhaité une belle fin de journée, en conservant son sourire aimable. En marchant, nous nous félicitions de cet accueil qui avait marqué notre esprit, tout en déplorant de ne pas avoir avancé dans nos recherches !

Ne voulant pas renoncer, nous sommes entrés dans un grand magasin. Nous espérions qu'il serait plus facile de faire un choix grâce à l'espace consacré à de nombreuses marques. Nous ne risquions pas d'être dérangés par les conseillères de vente, car elles étaient regroupées dans un coin, en grande discussion sans se soucier des visiteurs. Nous sommes restés assez longtemps, hésitant entre deux sacs situés à des corners différents. Alors que nous passions du temps à comparer les deux sacs, pas une seule fois on ne nous a proposé de nous renseigner. Nous avons donc décidé d'aller au-devant des conseillères de vente. Ostensiblement, nous dérangions, leur regard était hostile. C'est parce que nous avons eu un coup de cœur que nous avons acheté le sac, mais ce n'est certainement pas grâce à l'accueil qui nous a été réservé. Certes, c'était la fin de journée mais la fatigue n'excuse pas le manque d'attention et d'accueil. »

Au travers de cette expérience, c'est bien le regard du vendeur qui va créer sur le visiteur cette première impression de disponibilité et de prise en charge ou non. Il ne cessera d'influencer la suite de la rencontre puis de l'entretien.

Comment regarder ses clients pour réussir ?

Le regard est le moyen le plus direct d'expression. On peut parler avec son regard, car il est l'expression muette de nos sentiments et certains regards en disent souvent plus long que toute une conversation. Les expressions sur le regard ne manquent pas ! On dit bien : *« un regard absent », « un regard fuyant », « un regard hautain », « un regard méprisant », « un regard qui tue ! ».* Mais aussi : *« être déshabillé du regard ».* Combien de fois, les jeunes, certains touristes en short et baskets, sont-ils déshabillés du regard par le vendeur, ce qui crée, dans de nombreux cas, un jugement hâtif !

Exemple

Pauline : « *Durant de nombreuses années, j'ai fait du shopping avec ma mère, rue Sainte-Catherine à Bordeaux. Parmi les boutiques, il y avait une boutique de prêt-à-porter haut de gamme. Je n'étais jamais entrée dans cette boutique jusqu'alors. Pour le mariage de ma meilleure amie d'enfance, je cherchais une robe simple mais élégante pour la mairie, j'étais témoin. Je décidai donc d'entrer dans cette boutique. J'avais vingt-six ans je gagnais déjà ma vie, mais je n'étais pas une habituée et j'étais, ce jour-là, habillée sobrement. La patronne ne m'a même pas adressé un regard, préférant se consacrer à ses clientes « habituées ». Elle m'a envoyé une vendeuse qui a tenté par tous les moyens de me faire acheter deux robes dont une ne m'allait pas du tout et coûtait 250 euros. Je me suis sentie très mal à l'aise. Je n'ai rien acheté ! Trop malpolie. Cette année, avec une copine, on a "refait" la rue Sainte-Catherine. Je suis repassée devant cette boutique, j'étais bien habillée, j'avais mon sac Vuitton, la patronne m'a offert un large sourire que j'ai ignoré avec jubilation.* »

Preuve que l'habit ne fait pas le moine...

Les yeux sont faits pour voir, ils sont aussi faits pour être vus. La rencontre de deux individus est avant tout la rencontre de deux regards. Un client est dans un restaurant, il a besoin du serveur. Il va fixer le regard de celui-ci, espérant qu'il finira par croiser le sien. De deux choses l'une, ou le serveur ignore sciemment le client ou il finit par croiser son regard. Le regard du client exprime qu'il a besoin du serveur, regard qu'il appuie vraisemblablement par un geste. Le regard du serveur va accuser réception du regard du client et celui-ci sera en mesure de vérifier, par le sourire du serveur, qu'il va rapidement aller au-devant de lui, ou par son agacement, qu'il n'a pas que cela à faire.

Mutuellement, le regard de chacun va permettre de se faire une image de l'autre :

- il décèle l'humeur de l'autre : on voit tout de suite si le regard exprime de la bonne humeur, de la fatigue, de la défiance ou de la tristesse ;
- il va permettre de s'évaluer et de se jauger ;
- il accuse réception du regard de l'autre ;
- il donne un signal ;
- il est à la base d'un premier dialogue, toujours non verbal.

Fiche pratique 3

Accueillir avec le regard

Savoir lire dans le regard à tout moment

Nous verrons dans les chapitres suivants combien il est important de savoir lire dans le regard du client tout au long du processus de vente. De même, combien il est important de contrôler ce que les clients peuvent lire en regardant les vendeurs.

Le sourire

« Le sourire est au vendeur ce que le stylo est à l'écrivain. » [13] On dit également que *« le vendeur n'est jamais complètement habillé tant qu'il ne porte pas le sourire »*. Le sourire est le meilleur atout du vendeur s'il s'agit d'un sourire sincère et vrai, celui qui fait pétiller et illumine le regard. Nous parlons du sourire qui envoie un « bonjour » et « bienvenue » au client en train d'entrer dans le magasin ou qui se dirige vers le vendeur situé derrière un comptoir. Le sourire de bienvenue ou de politesse est à la fois proche et distancié, il met spontanément à l'aise le client, même si le vendeur n'a aucun lien avec celui-ci.

Témoignage

Alexandra : *« Je me souviendrai toujours du sourire de la boulangère, lorsque, gamine, je venais lui acheter une baguette. Son sourire me mettait en joie. »*
Malheureusement, il y a trop d'exemples où, au moment où un client entre dans un magasin, où il s'approche du comptoir ou après avoir interpellé un serveur, il se retrouve face à une personne fatiguée, grise, la tête enfoncée dans les épaules dégageant de la lassitude ou de l'ennui. Et ce vendeur, parce qu'il ne peut pas faire autrement, lui sort tout de go un *« c'est pourquoi ? »*.

---

13. Anonyme.

Le sourire n'entre pas directement dans notre « bulle » intime, il ne s'adresse pas à qui nous sommes, mais à ce qu'il y a d'universel en nous. *« Un sourire sincère touche en nous quelque chose d'essentiel : notre sensibilité innée à la bonté »*, souligne le dalaï-lama[14].

Le sourire se voit

Le sourire est indissociable du regard pour créer la relation. Il doit toujours être spontanément présent tout au long de l'entretien, quelle que soit la nature de la visite du client. Tout le monde dit : « il faut sourire... ». Oui, mais qu'est-ce que cela veut dire dans les faits ?

- Le sourire attire et renvoie. Faites-en l'expérience, vous souriez à quelqu'un, ce quelqu'un, dans la majorité des cas, vous sourira en retour. *« Le sourire que tu envoies revient vers toi »* (proverbe indou).
- C'est un outil de séduction, parce qu'il donne envie...
- Cela détend l'atmosphère, parce qu'il crée de la bonne humeur et contribue à la diminution du stress. Pour preuve, combien de fois, en faisant les courses avec son caddie, dans une file d'attente ou dans le métro, à cause de petits accrochages, des situations de heurts sont-elles évitées grâce au sourire ?
- Cela favorise la relation en l'introduisant. Cela permet immédiatement de partir sur des bases communes et partagées.
- Il contribue à l'équilibre de la relation, parce que le sourire est contagieux.
- On mémorise plus facilement une personne souriante. C'est un élément différenciant, parce qu'il donne confiance, il vous fait rayonner et, à cet instant, on ne voit plus que vous.

---

14. Dalaï-Lama, *Sagesse ancienne, monde moderne*, Le Livre de Poche, 2002.

Témoignage

Florence a travaillé quinze ans pour le compte d'une grande enseigne, de conseillère de vente à responsable de boutique. Elle nous a fait part de son souci du détail. Elle avait en particulier le sentiment de ne pas avoir une dentition parfaite pour libérer ce sourire qui était en elle. Cela était devenu un frein à titre professionnel comme personnel. Elle a pris la décision de recourir aux services d'un dentiste. Son sourire libéré, Florence est maintenant tellement plus à l'aise !
Des dents saines et blanches sont devenues aussi un critère déterminant de l'apparence corporelle, comme le montre le développement actuel des « bars à sourire ».

Le sourire est communicatif et est une marque d'empathie, il veut dire :
- « bonjour » ;
- « bienvenue » ;
- « je suis heureux de vous (re)voir » ;
- « je vous offre ma disponibilité et ma cordialité » ;
- « je suis dans une posture d'écoute et d'ouverture » ;
- « j'ai plaisir à vous rendre service ».

Il est également un signal de bien-être, voire de sérénité et de force intérieure. En effet, pour sourire de façon authentique, il est nécessaire de mettre de côté ses soucis, ses problèmes et de se dédier pleinement au client et d'être dans l'instant présent. Il y a deux circonstances où nous montrons nos dents : quand nous mordons et quand nous sourions.

Dans la constance, le sourire enverra un signal de cohérence et de maîtrise.

Un visiteur ou un client entre dans votre magasin, vous voyez à son regard qu'il n'est pas disposé ou tout simplement qu'il n'est pas de bonne humeur. Vous le regardez et vous lui souriez. Soit il vous ignore bien qu'il vous ait vu, soit il vous regarde en vous renvoyant un message négatif. Laissez du temps et surtout gardez le sourire. S'il reste, il n'aura pas le choix, au deuxième échange, il devra changer son attitude et l'accroche pourra se faire

Nous verrons plus tard que, dans des situations délicates ou de fortes tensions, la constance du regard et du sourire sont un rempart pour ne pas subir ces tensions. Ils permettent, dans la plupart des cas, de prendre ou reprendre la main dans le processus de relation ou de vente.

Le sourire s'entend

Même si on ne le voit pas, le sourire s'entend. Il est tout aussi communicatif.

Exemple

« Nous sommes sur la ligne 4 du métro parisien, en début de soirée. Les gens rentrent chez eux, on sent la fatigue ou la lassitude sur les visages. Comme souvent à cette heure de pointe, la rame fait un arrêt entre deux stations. Ce qui est nouveau, c'est qu'il y a de plus en plus souvent un petit message du conducteur pour annoncer l'attente. Mais la différence ce soir-là, c'est la façon dont le conducteur a fait sa communication. Avec une voix largement souriante, il nous a tenu à peu près les propos suivants : « Mesdames, messieurs, nous sommes en arrêt, mais dès que mon collègue de la rame de devant aura quitté la station, nous pourrons repartir et rouler petit bolide. »

En quelques secondes, le visage des voyageurs a totalement changé, libérant des sourires voire des rires. Cet exemple montre bien qu'avec du sourire, on peut faire passer des messages d'attente dans la bonne humeur. La spontanéité des propos du conducteur, son rayonnement (comme vu précédemment) mais également son sourire ont été positivement accueillis, ce qui devrait donner des idées à beaucoup de monde...

Le sourire accompagnant la voix s'entend dès les premières secondes. Il est reçu comme un signe de disponibilité, d'écoute et de professionnalisme. Il facilite l'échange et donne envie d'aller plus loin.

Nous avons tous passé commande, porté une réclamation ou tout simplement cherché un renseignement via un centre d'appels. L'entretien n'est pas le même si vous avez affaire à une personne apathique ou à une personne souriante. Alors, le sourire devient un outil commercial précieux, les centres d'appels le savent bien.

Exemple

« Je me souviens de l'échange que j'ai eu avec la conseillère d'un opérateur Internet bien connu. Mon objectif était de faire le tour des opérateurs afin de choisir « la box » qui conviendrait le mieux dans notre maison de campagne où toute la famille aime se retrouver. La conseillère s'appelle Christelle, sa voix est souriante. Dès la première seconde, cela m'a fait oublier l'attente au téléphone. Bien sûr, le sourire n'a pas tout fait, mais au fur et à mesure des échanges et des solutions qu'elle développait, le sourire était omniprésent. Je dois le reconnaître, j'entendais autant sa voix souriante que ses propos, l'image que je me faisais d'elle associait charme et professionnalisme. À sa tentative de chercher un accord, je me suis laissé guider. Je savais ce que je voulais, les prix étaient dans la ligne des offres connues, pourquoi aller plus loin ? »

Que cela soit en direct ou par téléphone, lorsque l'on accueille le client, pour débuter dans un climat favorable, pour identifier les besoins et les désirs du client, pour lui présenter les arguments, pour que le client soit dans un état attentif et réceptif, pour le rassurer et l'amener à prendre sa décision, notre sourire contribue à augmenter notre force de persuasion et il est un élément de différenciation. On a tellement d'occasions de « faire la gueule » !

De quel sourire s'agit-il ?

Est-ce le sourire forcé, crispé, mécanique, auquel on a réservé la triste appellation de « sourire commercial » ? Certainement pas, celui-là tient beaucoup plus de la grimace que du sourire et le client ne s'y trompe généralement pas.

Les hommes publics l'ont bien compris, ils travaillent avec beaucoup d'attention leur sourire à l'image de Barack Obama, utilisant toujours la même pose et le même sourire, et cela marche ! *« Pendant la dernière campagne, le président Obama fait "un sourire amusé" et un "sourire contrôlé". Il arrive plus facilement à relâcher sa mâchoire, ce qui indique qu'il est à l'aise »,* analyse Patrick Stewart, professeur associé de sciences politiques à l'université d'Arkansas[15].

Fiche pratique 4

Un sourire naturel

Vous pourrez, en fonction des situations et des origines du client, en jouer un peu plus par rapport à votre sourire naturel ou, au contraire, être plus réservé.

15. « Obama-Romney : gestes et mimiques d'un débat réussi », Le Monde.fr, 03/10/2012 à 17 h 32, mis à jour le 03/10/2012 à 19 h 07.

Parce qu'il est confirmé que le sourire libère des substances responsables de la sensation et du bien-être, qu'il rend plus jeune et qu'il donne confiance, votre sourire deviendra de lui-même naturel. C'est ce sourire que le client va lire dans votre regard et qui lui donnera irrémédiablement envie d'aller vers vous, ce qui facilitera l'accroche.

Le geste

Le geste fait également partie du langage non verbal, comme il accompagne chacun de nos propos et de nos échanges.

Exemple

« Nous avons vu lors de débats télévisés aux élections présidentielles, combien l'aspect du langage physique est important. Il est au cœur de la validation des responsables de communication de chaque partie. Le débat se déroule selon un processus minutieusement préparé et calculé tant au niveau du décor, du positionnement, de la température ambiante, des prises de vue, de la gestion des échanges... par exemple, quand l'un des candidats intervient, le contre-champ est interdit. On ne peut donc pas voir les mimiques de l'adversaire (référence au débat entre François Mitterrand et Jacques Chirac sur le « regardez-moi dans les yeux... ») Il n'en reste pas moins qu'il est difficile de tout contrôler, pour preuve, le regard souriant d'un des présentateurs a été analysé et interprété comme bienveillant et empathique par certains et comme critique et amusé par d'autres à chaque fois que la caméra se braquait sur lui. »[16]

---

16. Extrait de « Débat présidentiel Hollande-Sarkozy : techniques argumentatives ». Analyse d'une des techniques argumentaires la plus employée par les politiques : l'ad hominem. Décryptage par la sémiologue Elodie Mielczareck, vidéo sur le site internet Dailymotion, catégorie Actu et politique, date de publication : 14/11/2012.

Il s'agit des gestes exprimés par notre corps, nos jambes, nos bras, nos mains, en plus de l'expression de notre visage, que nous venons de développer.

Installez-vous à la terrasse d'un café ou sur un banc dans un lieu public et observez les gens. Vite, vous constaterez comment les gens s'expriment avec des gestes pour appuyer leur pensée. Pas besoin de les entendre pour savoir dans quelle disposition ils sont et dans quel état d'esprit ils communiquent. On pourrait même imaginer ce qu'ils sont en train de se dire.

Le geste se fait l'écho de notre apparence. De même, par notre attitude et pendant l'accroche, le geste traduit qui nous sommes et dans quelle disposition nous sommes.

Le film, muet, *The Artist*, césarisé et oscarisé, traduit à la perfection toute la puissance et la symbolique du geste comme celle du regard. On peut difficilement trouver meilleur exemple.

La synergologie[17] est une discipline qui analyse nos gestes. Elle cherche entre autres à traduire notre appétence, c'est-à-dire notre envie de nous ouvrir, en opposition avec l'aversion, c'est-à-dire notre désir de nous fermer.

Pas de doute, nous sommes là pour accueillir, mais comment ?

Le premier pas

Notre façon de montrer notre disponibilité ou d'aller au-devant de notre client se lit dans notre posture et notre démarche.

---

17. Cf. le site Internet créé par Philippe Turchet : www.synergologie.org

Témoignage

« Nous arrivons dans un bistrot parisien bondé à l'heure du déjeuner, le lieu est tout en longueur, la serveuse est tout au fond du restaurant. Elle nous voit et, comme accroche, ne trouve pas mieux que de nous interpeller, comme un moulin-à-vent emballé, afin que nous avancions jusqu'à elle… J'ai eu un instant de doute, mais oui, c'était bien à nous qu'elle s'adressait, qu'elle "parlait". »

Sans rigidité, votre posture doit être droite au niveau de votre corps, orientée vers votre client, votre tête sera bien sur ses épaules, parce que vous êtes ancré dans le présent. C'est la façon la plus simple pour éviter des signaux que vous ne voulez pas donner ou qui seraient mal interprétés (par exemple, la tête inclinée en avant est un signe de tristesse, d'ennui ou de timidité alors qu'inclinée vers l'arrière, cela indique de l'orgueil, de la fierté…). Cette attitude donne une image neutre et professionnelle, sans pour autant altérer l'image dynamique et positive qu'attend votre client et que vous voulez lui donner.

Rappelez-vous l'exemple de monsieur Martin et son désir de s'offrir un 4 × 4 (page 21) :

Jérémy, le vendeur, est occupé. monsieur Martin attend debout, il voit des personnes affairées dans les bureaux périphériques. Il écoute Jérémy donner des explications techniques au client précédent. Il ne comprend pas tous les termes employés. Puis il observe comment Jérémy prend congé du client, se tourne vers lui en se rapprochant énergiquement, jusqu'à arriver très près de lui, à un mètre. Monsieur Martin le trouve très grand – Jérémy doit mesurer 1,90 m – avec son 1,72 m, monsieur Martin est mal à l'aise et sent son espace envahi ! Spontanément, il fait un pas en retrait. Jérémy, d'une voix imposante et rapide, le salue :
– Bonjour, en quoi puis-je vous aider ?

Le pas trop énergique de Jérémy pour s'approcher de monsieur Martin est une des raisons du malaise de ce dernier. Mais c'est bien la trop grande proximité établie par Jérémy qui en sera la principale responsable. Jérémy, plus grand que son client, aurait dû respecter une distance d'environ 1,5 mètre et même l'accentuer pour ne pas entrer dans « l'espace personnel » de son client et pour éviter ainsi de le mettre mal à l'aise (lire l'encadré Les bonnes pratiques : comment s'approcher).

Fiche pratique 5

Comment s'approcher vers le visiteur/client

Témoignage

Pauline, dans un magasin de bricolage à Asnières : « *Je me rends dans un magasin de bricolage à la recherche d'une solution pour habiller un petit bureau d'enfant abîmé. Arrivée dans le magasin je passe devant le rayon des peintures et me vient à l'idée de repeindre le bureau plutôt qu'un habillage. Je m'arrête donc dans le rayon. Le rayon est très vaste, il y a un très large choix de peintures par teinte, par catégorie de surface... je me sens un peu perdue, je m'apprête à renoncer. Pile à ce moment, un vendeur vient vers moi, me dit « bonjour madame » et me propose son aide avec un sourire chaleureux et sincère.* »

Utiliser à son avantage ses bras et ses mains

Nos mains travaillent en harmonie avec notre corps.

Observez des coureurs sur un stade, leurs bras accompagnent leur foulée. Quand ils accélèrent, leurs bras agissent en même temps. Les bras jouent un rôle primordial dans la performance voulue par le coureur. Ils participent à l'effort, contrebalancent la foulée, créent une harmonie où tout le corps, y compris le visage, est engagé pour atteindre au plus vite la ligne d'arrivée.

On dit que souvent, ce sont nos gestes, plus que nos mots, qui trahissent notre pensée et, à coup sûr, notre état d'âme ou notre état d'esprit du moment. C'est d'autant plus important de prendre en compte cet état de fait quand on sait combien nos mains participent à établir le contact avec le client et à créer un équilibre dans la relation.

Témoignage
(mise en situation de vente dans le commerce de luxe)

« Les deux étudiantes connaissaient respectivement le contexte et le rôle à jouer : l'une, vendeuse, l'autre, le client. Au démarrage, on les sentait un peu crispées et, bien qu'elles se connaissent, on voyait qu'il y avait de la retenue. Leurs mains étaient croisées derrière leurs dos. L'accroche obtenue, elles ont commencé à échanger les premiers mots et un dialogue s'est instauré. On le voyait, la confiance, voire le plaisir, gagnait du terrain. Automatiquement et au même moment, les deux mains se sont déliées et les gestes se sont associés aux paroles dans une synchronisation parfaite. Pas de doute, l'exercice allait être réussi ! »

En accueillant votre client, en lui présentant une gamme de produits, en lui faisant découvrir un produit, en présentant les caractéristiques et les avantages, en aidant le client à l'essayer... nos mains jouent sans cesse un rôle important dans le processus de vente. Pas question donc de les mettre sous contrôle ou de les emprisonner. Il faut seulement se souvenir d'un certain nombre de travers ou de gestes réflexes qui pourraient vous faire du tort.

Les gestes qui nous dévoilent

Le but n'est pas de faire ici un cours sur la gestuelle, mais de vous apprendre à reconnaître les signaux qu'envoie un client et d'éviter que ceux que vous envoyez soient néfastes à votre communication. On sait que si on peut contrôler sans trop de difficulté ce que l'on dit, il est beaucoup plus difficile de faire attention à tous les gestes machinaux ; tous ces gestes que nous faisons sans nous en rendre compte, mais que le client, lui, voit.

Fiche pratique 6

Les gestes à éviter

Les expressions communiquent également

On parle aussi des expressions faciales caractérisées par les mimiques qui expriment des émotions. Ce point a été introduit précédemment avec l'exemple du débat présidentiel (page 71).

Regardez les actualités télévisées du soir, à la fin de nombreux reportages, les mimiques du présentateur juste avant qu'il reprenne la parole en disent souvent long sur son approbation, son scepticisme ou son amusement.

Ces mimiques que nous percevons peuvent, dans certains cas, orienter notre analyse ; elles ne sont donc pas neutres.

Fiche pratique 7

Les mimiques à éviter

Le langage verbal pour dire « bonjour » et « bienvenue »

Vous l'avez vraisemblablement remarqué, plus nous avançons dans le langage non verbal, plus la voix et les mots deviennent sous-entendus ou pressentis. À ce stade, dire « bonjour » et « bienvenue » s'invite tout naturellement dans l'attitude afin d'aller à la rencontre de notre visiteur.

Les approches multiculturelles

Cette approche non verbale que nous venons de développer s'inscrit dans un cadre général de l'entrée en relation avec le visiteur. Toutefois comme précisé précédemment chaque visiteur est unique dans son apparence, son attitude et nous le verrons ensuite dans son comportement. En observant le visiteur, nous devons également être alerte à sa sensibilité multiculturelle.

Cette approche multiculturelle est indispensable par respect des différences, c'est-à-dire l'identité socioculturelle avec ses multiples facettes d'apparence : ethnique, nationale, régional ou religieuse.

Prendre en compte l'identité du visiteur contribuera à faciliter la création de la relation par exemple :

Avec un visiteur d'origine Russe
- Faire : Être discret, effacé tout en étant disponible. Laisser l'initiative du contact
- Ne pas faire : Sourire trop vite et ne pas garder une distance suffisante

Avec un visiteur d'origine du Japon
- Faire : Saluer dès l'entrée dans le point de vente. Prendre le temps de de conseiller, saluer et remercier de la visite (même sans achat)
- Ne pas faire : Discuter avec d'autres vendeurs, « snober le client »

Avec un visiteur d'origine nord-Américaine
- Faire : soigner aimable et dégager de la gentillesse
- Ne pas faire : juger l'apparence et ou être hautain

Avec un visiteur d'origine Chinoise
- Faire : Se mettre le plus rapidement à disposition du visiteur, le saluer (politesse codifiée), être à l'écoute et attentif à tout instant
- Ne pas faire : Le laisser seul

La pratique vous donnera instinctivement les bons réflexes tout en restant vous-même.

Vous dites « *bonjour* » et engagez un échange. Si vous constatez que le visage de votre client se crispe, vous ne pouvez pas rester indifférent, c'est qu'il y a un problème ! Ce n'est pas votre voix qui est en cause, mais vraisemblablement la façon dont vous l'utilisez. Dire les mots qui sonnent juste, c'est bien. Les dire avec le bon ton de voix, c'est encore mieux.

Dire « bonjour » et « bienvenue » est incontournable pour une bonne accroche, c'est ce que nous allons développer. La façon dont vous allez le dire est fondamentale. On est encore à la frontière du verbal et du non verbal. « *Lorsque nous parlons, nous sommes d'abord vus, puis entendus, et enfin, éventuellement, compris.* »[18]

La voix

Quand nous intervenons, dans le cadre de nos métiers, lors d'une conférence ou d'une formation et que nous évoquons l'utilité de s'enregistrer pour s'entendre parler, à chaque fois, nous voyons les visages se crisper ! À l'unisson, les participants reconnaissent que le résultat est souvent inattendu et qu'il interpelle : « *c'est moi qui parle comme ça !* » Il est donc utile d'adapter la manière dont on parle. Cela fait partie du métier, il faut savoir travailler son ton, le débit, le rythme et l'intonation. On n'est pas beau parleur de fait, on le devient, à force de répétition et d'entraînement.

Fiche pratique 8

Travailler sa voix

18. « Tous ces gestes qui nous trahissent », *Psychologie*, n° 95, février 1992, pp. 42-43. « L'importance des gestes », www.gratimag.com/economie/l-importance-des-gestes.html

Nous avons vu précédemment combien le regard et le sourire attirent et contribuent à créer une relation de confiance. Nous avons vu également que le sourire s'entendait sans pour autant être vu. Si vous faites défiler les ondes radio de la bande FM, sans difficulté, vous reconnaîtrez la voix de la présentatrice de FIP, elle est unique. Il en est de même dans les gares SNCF, où c'est la même voix qui vous annoncera les arrivées ou les retards des trains où que vous soyez en France. Cette voix fait corps avec la marque SNCF, tout comme sa signature.

Il est facile de comprendre maintenant que la voix associée au regard et au sourire sont naturellement là pour souder cette mise en relation.

Une voix souriante et accueillante, oui, mais avec quels mots ?

Dire « bonjour » et « bienvenue »

Dis-moi comment tu parles et je te dirais qui tu es. Si la teneur des mots d'accueil et les premiers échanges sont déterminants, la manière dont vous allez le dire a aussi une grande importance.

Témoignage

Isabelle : « *Presque chaque week-end, nous retrouvons ma mère à la campagne, dans un village en lisière de la forêt d'Orléans. En chemin, nous nous arrêtons à la boulangerie d'Ascoux, et là, comme un rituel, la vendeuse nous accueille d'un « bônjoouuuur » tellement prononcé que nous ne nous pouvons l'oublier. Il nous arrive bien souvent de l'imiter en souriant, c'est bien la preuve que cela nous a marqué l'esprit. La spontanéité de son accueil en fait une arme redoutable de fidélisation.* »

En disant « bonjour » vous envoyez le premier message verbal. De la façon dont vous allez le dire, le client ne pourra pas se dérober et devra vous rendre « quelque chose », pour autant que vous n'ayez pas prononcé ce bonjour de façon mécanique et automatique. Ce quelque chose sera le plus souvent un « bonjour » en retour, quelquefois une mimique ou parfois rien du tout. En tout état de cause, il vous en dira long sur le client et son état d'esprit.

Pourquoi dire bonjour particulièrement dans notre métier ?

Dire « bonjour » pour entrer en relation et saluer

« Les hommes et les femmes se saluent partout dans le monde. Nous le faisons par une série d'actions qui varient d'un lieu, d'une époque ou d'un groupe à l'autre : regarder la personne rencontrée, se tourner vers elle, lui sourire, incliner notre corps ou notre tête, joindre les paumes, tendre une ou deux mains, toucher le visage, embrasser sur la joue ou sur la bouche, taper dans le dos, frapper les mains ou les poings, mettre la main sur le cœur, souhaiter une bonne journée ou que « la paix soit avec vous », etc. » [19]

Il n'est pas possible de nous adapter à toutes les situations ni à toutes les cultures, alors, retenons que, dans notre mission, dire « bonjour » est :

- un témoignage de politesse et de respect, qui ne date pas d'aujourd'hui ;
- un signe de reconnaissance et d'appartenance ;
- une volonté d'entrer en contact ;
- un souhait que cela puisse être partagé.

---

19. Olivier Maulini, « Comment et pourquoi les hommes et les femmes (se) disent-ils bonjour ? », 2009, texte rédigé à l'intention des élèves de l'école de la Jonction-Genève menant une enquête sur les différentes manières de dire bonjour localement et dans d'autres cultures, université de Genève, faculté de psychologie et des sciences de l'éducation, www.unige.ch/fapse/SSE/teachers/maulini/publ-0915.pdf

Mais on peut également parler d'amabilité. En étant aimable, on se veut prévenant, attentif et attentionné vis-à-vis du visiteur. Nous attendons un signe en retour, c'est le principe de réciprocité. Il faut aimer pour être aimable (aimer son métier, aimer sa marque, aimer aller au contact du client). On dit bien, il faut estimer pour être estimable, il faut respecter pour être respectable, etc.

Comme vu précédemment, n'allez pas trop vite au-devant du client. M., d'une boutique de parfumerie et cosmétiques, nous dit :
« Il arrive très souvent que le client, à peine entré, nous dise tout de go « je n'ai besoin de rien » seulement parce qu'il a peur qu'on lui saute dessus pour lui proposer quelque chose. C'est assez récurrent et rarement aimablement dit. » Raison de plus, pour ne pas précipiter le mouvement.

Force est de constater que nombre de clients sont avares d'un bonjour. Est-ce par timidité, par ignorance, par précipitation ? Difficile à dire.

Exemple

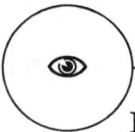

Damien est patron d'une épicerie à Méribel. Longtemps, il a eu un chien imposant (un bouvier bernois) du nom de Rony. Celui-ci était la plupart du temps posté à l'entrée de la superette. Au fil du temps, il est devenu une figure emblématique et incontournable du magasin. Sans rien dire, un fidèle client de l'épicerie a filmé les allées et venues des clients à l'entrée du magasin (la vidéo, postée sur YouTube, a été visible pendant un an). Le comportement de certains clients est édifiant. On voit les clients entrer, dire bonjour au chien, faire une petite caresse et puis, c'est tout. Pas de bonjour à la personne à la caisse ni à Damien, jamais bien loin pour accueillir et servir. Le résultat est quasiment identique à la sortie.

À contrario, dire bonjour sans prendre garde, sans attendre le bon moment pour le dire, peut donner un effet inverse à celui recherché.

Chapitre 2

Exemple

Sur les marchés, si un vendeur dit « bonjour » trop rapidement au client qui regarde les produits, le client s'échappe comme s'il était effrayé. Mais de quoi ?

Dire « bonjour » puis « bienvenue » pour accueillir

Lorsque vous allez à la rencontre d'un visiteur, associez-y un « bonjour monsieur, madame ou mademoiselle ». C'est déjà offrir une attention personnalisée.

Témoignage

Margaux, conseillère de vente chez un parfumeur : *« On nous demande de ne pas aller directement vers le client, on va dire d'abord bonjour. « Bonjour madame » ou « bonjour monsieur », pas bonjour tout court, et on laisse le client découvrir le point de vente. »*

Pour un client connu, dans certains contextes, cela sera renforcé encore plus, si vous appelez la personne par son nom. Celle-ci sera alors accueillie comme une personne unique et différente.
Les ateliers d'entretien des garages des grandes marques l'ont bien compris. De gros efforts ont été faits dans ce sens. Pour preuve, leur communication est maintenant axée sur la qualité et la personnalisation de l'accueil. On a tous en mémoire les publicités développées par les constructeurs, avec Hans, Jurgen und Gunther pour Opel ou monsieur Richard pour Renault.
De même, des trésors d'imagination sont développés pour accueillir un client par son nom. Par exemple, le voiturier d'un grand restaurant demande son nom au client avant de prendre en charge la voiture garée

devant le restaurant. Et là, sans que personne ne s'en aperçoive, le nom de la personne arrive au maître d'hôtel du restaurant qui va accueillir le client d'un « *bonjour monsieur X, bienvenue chez…* » Pas de doute, cette attention marque les esprits.

Dire « bienvenue » complète votre message d'accueil et le personnalise par rapport à la marque ou à l'enseigne que vous représentez : « bienvenue chez… », « bienvenue dans l'espace… ». Ce message, parce que vous êtes heureux et fier d'accueillir votre client avec tout ce que cela représente.

N'oublions pas que le client peut se contenter de visiter les sites Internet, qui, la plupart du temps, envoient un message de bienvenue. À fortiori, si le client se déplace chez vous, il faut bien l'accueillir et lui dire « bienvenue… ». Cela donne du sens !

Interview

Stéphane Demorand

Kinésithérapeute

Un patient : « *Lors de notre premier rendez-vous, ce qui m'a agréablement surpris, quand le kinésithérapeute m'a proposé de le suivre, juste après s'être assuré que j'étais la bonne personne, c'est qu'il m'a souhaité la bienvenue.* »

Le kinésithérapeute : « *Pourquoi "bienvenue" ? Pourquoi pas ! Je reçois un de mes patients, nous allons passer en général une demi-heure ensemble, il m'est naturel de lui souhaiter la bienvenue.* »

Retrouvez l'intégralité de l'interview en utilisant le lien suivant :

Bien sûr le lieu, le contexte et la façon de le dire (beaucoup de situations nous viennent à l'esprit) peuvent donner à ce « bienvenue » un côté ringard, maladroit ou inapproprié. Mais ne vous y trompez pas, que vous soyez à Tokyo ou à New York, « bienvenue » sera utilisé sans retenue, le contraire serait plutôt mal vu.

Témoignage

Des clients : *« Pas plus tard qu'hier, nous entrions dans la boutique d'une grande marque de café. Un conseiller de vente, debout dans l'espace* show-room*, a arrêté son travail. Il a attendu que l'un de nous le regarde et, tout simplement, avec sourire et droiture, il nous a accueillis d'un « bonjour madame, monsieur, bienvenue ». Nous lui avons répondu et déjà nous retrouvions le service auquel la maison nous a habitués. Tout n'était pas parfait au début mais aujourd'hui le service est réglé avec justesse et attention, dans ce qui est devenu notre rendez-vous quasi mensuel. »*

Proposer ses services pour finaliser l'accroche

« Puis-je vous aider » ; c'est bien ce que l'on entend le plus souvent. Ce n'est pas la meilleure accroche après avoir approché votre client, mais, à vrai dire, vous êtes bien là pour le renseigner et le servir.
Une grande enseigne a même inscrit au dos des gilets de ses vendeurs : « Nous sommes là pour vous aider à mieux consommer ». Le mieux

n'est-il pas d'avoir facilement un vendeur disponible, attentif et, cerise sur le gâteau, souriant ? Le vendeur doit simplement et professionnel-lement être prêt à répondre aux questions du client au moment où celui-ci décide de l'aborder ou tout simplement, parce qu'il a l'œil, voyant le client perplexe devant un rayon, il invite celui-ci à se rensei-gner et lui propose de le conseiller.

Témoignage

Margaux, conseillère de vente chez un parfumeur : « *Nous nous servons du panier pour accrocher le client. Nous laissons le client faire sa première découverte. Au bout de quelques minutes et après avoir observé, nous pre-nons un panier et nous proposons d'y déposer le produit qu'il est en train de choisir. C'est à ce moment que nous lui demandons s'il a trouvé ce qu'il voulait, si on peut le renseigner ou lui faire découvrir les nouveautés. Très souvent, c'est nous qui gardons le panier le temps de la découverte et de nos conseils.* » Dans cet exemple, au-delà de l'attention et de la façon d'aborder son client, on associe un premier niveau de service. Le vendeur, si le client le souhaite, porte son panier de courses tout en l'accompagnant et le conseillant.

Fiche pratique 9

Les premiers mots

Votre premier accord

Vous venez d'obtenir un premier « oui » du visiteur. Cette étape est cruciale pour avancer dans le cérémonial de vente afin que votre visiteur devienne client. Sans cet accord, vous ne pouvez pas poursuivre.

On comprend mieux que, sans parler, votre apparence, votre attitude et votre sens de l'accroche seront pris en compte par le client dès qu'il vous verra. C'est pourquoi, en seulement quelques secondes, votre prestance (posture), votre regard et votre sourire naturel, vos premiers gestes seront cruciaux. Votre première vente a bien lieu à ce moment précis. Sans parler, vous lui démontrez que vous êtes un bon vendeur en qui il peut avoir toute confiance. C'est le premier accord !

Référence à la « positive attitude » et à l'engagement positif, ce premier accord facilitera indéniablement l'obtention des autres « oui » nécessaires pour décider le client à acheter. Il y a tout lieu de penser que cela se fera dans le plaisir. Le plaisir, on le verra très souvent, fait vendre.

Dans le processus d'accueil et de création de la relation, la règle « des 4 A » a toute sa force, avec, dans l'ordre, l'apparence, l'attitude, l'accroche et le premier accord. Nous venons de développer sous une présentation différente chacune de ces phases, afin :

- que l'accueil se fasse de façon professionnelle tout en restant spontané et naturel ;
- que cela contribue à créer un contact équilibré entre le visiteur et le vendeur ;
- qu'il y ait du plaisir à servir le client ;
- que la relation s'engage « bien » du premier coup ;
- que, pas à pas, le client ait envie d'acheter.

Si un bon accueil ne suffit pas à lui seul à réaliser la vente, un mauvais accueil la fera échouer à coup sûr. Cela laissera des traces qui seront difficiles à effacer et qui nécessiteront du temps et de l'énergie.

Observer et s'adapter au visiteur

Mots clés

APPARENCE, ATTITUDE, COMPORTEMENT, OBSERVATION, MULTI-SENSORIEL, CINQ SENS, IDENTIFIER, FLEXIBILITÉ, SOUPLESSE, ADAPTATION, ADAPTABILITÉ, EXAMINER, REGARDER, VOIR, SENTIR, INTUITION, CONSTATER, RESPECTER, SURVEILLER, SATISFAIRE, SIGNALER, RELEVER, NOTER, EXPÉRIMENTER, PLAISIR, ÉPANOUISSEMENT.

Contexte

Pour faciliter l'accroche et un premier accord, nous avons développé précédemment combien il est important de prendre le temps de l'observation. Il en est de même, c'est primordial, pour découvrir en premier lieu qui est ce visiteur et comment adapter son comportement, ses attitudes et sa posture à celui-ci.

Prendre le temps d'observer

Pourquoi ? Parce que nous ne sommes pas tous faits pareils, par notre physique, par notre apparence, notre attitude, notre comportement et/ou nos modes de fonctionnement. Cela ne fait-il pas beaucoup de points à observer avant d'évaluer à qui on a affaire ?

De plus, notre première perception n'est pas toujours la bonne et peut nous jouer bien des tours. Ces péripéties nous arrivent souvent parce que nous n'avons pas suffisamment pris le temps d'observer, alors observons !

L'habit ne fait pas le moine

Il n'y a pas qu'au cinéma, comme dans le film *Pretty Woman*, de Garry Marshall (1990), que l'on voit des situations ou le vendeur passe à côté d'affaires parce qu'il a jugé trop vite.

Témoignages

J.-C. a uniquement comme particularité d'être physiquement un peu plus petit que la moyenne. Il arrive avec son amie dans une boutique du faubourg Saint-Honoré et repère un pull en cachemire jaune. *« Certes nous étions habillés de façon ordinaire. Au moment d'approcher un conseiller de vente pour lui demander le prix, celui-ci nous répond sans retenue : « Mais monsieur ce sera trop cher pour vous ! » Mon amie a sorti immédiatement ses griffes et s'est indignée de cette attitude, réclamant de parler au directeur de la boutique. Le conseiller de vente a vite compris sa bévue, mais il était trop tard. »*

Margaux, conseillère de vente chez un parfumeur : *« La semaine dernière, une dame est entrée mal habillée, mal coiffée, trop maquillée, elle ne payait vraiment pas de mine. Personne ne voulait s'en occuper, sauf qu'à la fin, elle est partie en ayant acheté pour 700 euros de produits cosmétiques et parfums. »*

Inversement.

A. D., conseiller de vente au département Thé, café et chocolat d'un grand traiteur de La Madeleine, à Paris, nous raconte avoir vu entrer une dame très chic, avec une attitude presque ostentatoire. *« Intérieurement, je me suis dit que son apparence laissait présager une belle commande. Elle m'a posé beaucoup de questions, se montrant très pointilleuse… Nous avons passé pas mal de temps. Comme elle m'interrogeait sur les conditionnements prévus, devant le large choix de thés, je lui précisai que c'était des sachets de 100 grammes. Sans sourciller, elle m'a demandé si c'était possible d'avoir un sachet de 25 grammes. Elle ne voulait que cela ! »*

Très souvent, le jeune est vite catalogué :

Témoignage

Une conseillère de vente chez un parfumeur : « *Cela arrive souvent de voir des "petits jeunes" entrer, la casquette à l'envers. Nous n'allons pas forcément au-devant d'eux, car malheureusement nous avons souvent peur, peur du vol entre autres. Sauf qu'il m'est arrivé à plusieurs reprises de les servir : ils voulaient offrir un cadeau à leur mère ou à leur petite copine.* »

Le cas se pose également avec les touristes, souvent en tenue très décontractée, pour ne pas dire de plage, qui ne laisse pas présager la ligne de crédit de leur carte de paiement.

Témoignage

Margaux, conseillère de vente chez un parfumeur : « *Les étrangers, surtout asiatiques, ne sont pas des gens qui montrent qu'ils ont de l'argent. On se fait souvent avoir !* »

Recevez donc chaque client comme s'il avait sa carte bancaire bien garnie, il ne peut y avoir que de bonnes surprises. En adoptant cette règle, vous éviterez de grosses déconvenues.

Témoignage

Arthur, stagiaire chez un traiteur de la place de La Madeleine à Paris au rayon Thé, café et chocolats : « *Je vais au-devant d'une cliente pour l'accueillir. D'apparence tout à fait classique, elle me demande de la suivre avec un panier. Elle me pose beaucoup de questions. J'essaye de lui répondre, elle fait son choix au fur et à mesure et, petit à petit, nous remplissons le panier. Cela faisait plus d'une heure que nous étions ensemble. Au moment de récapituler, elle m'annonce les quantités qu'elle souhaite par article. Il y en avait pour près de 3 000 euros en tout. Devant mon étonnement, elle m'annonce qu'elle repart aux États-Unis où une grande fête doit être organisée. Elle souhaitait faire un cadeau original à chacun de ses invités. Je n'ai pas regretté le temps passé avec elle. J'étais aux anges, conscient que cela n'arrivera pas tous les jours. »*

Faisons en sorte de décrypter ces attitudes liées au paraître pour aller à l'essentiel et comprendre ce que souhaite le visiteur.

De la bienveillance pour ne pas juger hâtivement ou être expéditif

Cela fait partie du job, nous devons avoir de la retenue et servir nos clients sans jugement hâtif.

Témoignages

Jean-Claude, « *fashion victim* » : « *Je voulais m'acheter un smoking. J'entre dans une boutique de prêt-à-porter haut de gamme, monte à l'étage des costumes et m'approche d'un vendeur pour lui faire part de mon besoin. Le vendeur – je ne suis pas près de l'oublier, avec ses cheveux en arrière, gominés – me regarde de la tête aux pieds à plusieurs reprises et me répond sans ménagement que "même avec des retouches, il ne pouvait rien faire pour moi". »*

« *J'étais avec une amie, dont les rondeurs ont la particularité d'être généreuses. Nous mettons à peine le pied dans un magasin qu'une vendeuse, sortie de nulle part, nous dit brutalement : "Ce n'est pas la peine, il n'y a pas votre taille". »*

Ces deux histoires nous montrent la limite de l'excès et de l'indélicatesse qu'il n'est pas acceptable ni convenable d'atteindre.

Fiche pratique 10

La bienveillance

Témoignages

« *Nous étions sur le point de baisser le rideau. La journée avait été char-gée et chaude. C'était facile de dire à un dernier arrivant : "C'est fermé !". Mais voilà, il était sept heures moins deux, la journée pouvait ne pas encore être finie. J'ai accueilli le client avec sourire. J'ai eu raison car, en dix minutes, j'ai fait une dernière vente. Mon client était satisfait, il m'a remercié. Je le revois régulièrement.* »

« *C'est vendredi, un client d'apparence tout à fait banale me demande un costume pour assister à un mariage qui aura lieu le lendemain, samedi. D'emblée, je savais que les délais pour les retouches étaient justes, ils sont en moyenne de trois à quatre jours. Mon interrogation était perceptible. Mais, tout de même, je lui ai proposé d'essayer et s'il n'y avait que l'ourlet du bas de pantalon à faire, je trouverais une solution. Il voulait quelque chose de nouveau et d'élégant. Je lui présente notre nouvelle collection avec, en particulier, une veste plus cintrée. Le client était venu en T-shirt. Pour essayer le costume, je lui recommande de le faire avec une chemise se mariant avantageusement avec le costume. Il accepte. La veste tombe* » *parfaitement au premier essayage. Aucune retouche n'était nécessaire. Il n'y avait plus que le pantalon. Pour ce type de finition, nous pouvons faire appel au service de retouches du grand magasin avec lequel nous bénéficions d'un accord privilégié. J'ai téléphoné et, rapidement, j'ai pu confirmer à mon client que son costume serait prêt dans deux heures et demie. En définitive, mon client a payé son costume, une chemise, une ceinture, une cravate et, au moment de payer, il a "flashé" sur des boutons de manchette. La note s'élevait à 1 800 euros, c'était une belle journée pour moi ! »*

Pour essayer de comprendre qui est ce client, attardons-nous maintenant sur son apparence et son attitude, puis sur son comportement.

L'apparence et l'attitude du visiteur

Analyse

Il est nécessaire de prendre le temps d'observer pour mieux servir son client. L'important est de déceler dans quel état d'esprit est le visiteur qui pénètre dans le magasin. On ne se pose pas la question de savoir s'il est petit ou grand, mince ou fort, bien ou mal habillé… Il ne s'agit pas de juger mais plutôt d'observer la manière dont il fait son entrée, comme le ferait un comédien en entrant sur scène : le visiteur souhaite-t-il être remarqué ou, au contraire, entre-t-il de manière discrète ?

Savoir observer pour définir la stratégie d'approche

Plusieurs témoignages de conseillères de vente illustrent cette démarche.

« Les mères avec leur fille aiment bien prendre du temps. Dans ce cas de figure, je les laisse se balader, comme on me l'a appris, elles sont dans leur univers à elles. »

« Une femme seule avec déjà plusieurs sacs dans les mains aime bien découvrir par elle-même, flâner. Elle prend son temps. »

« Un homme qui entre dans un magasin de prêt-à-porter laissant sa main effleurer les matières... »

C'est du bon sens, pas besoin d'approcher ces personnes trop rapidement, tout en ayant l'œil pour intervenir dès le premier signal.

À contrario, une femme seule pendant l'heure du déjeuner en tenue professionnelle, se déplaçant d'un pas dynamique appréciera votre présence et votre sollicitation. La rapidité du pas, la façon de regarder ou de chercher... sont des indicateurs à prendre en compte. Ce n'est pas facile de faire ces distinguos le samedi ou à une heure d'affluence, mais, une fois encore, votre sens de l'observation facilitera votre gestion des priorités et vous saurez décider, parce que vous avez l'œil, qui, entre deux clients, servir le premier.

Être en alerte pour prévenir

Le vendeur, dans sa mission, doit être attentionné, vigilant, bienveillant... et avoir l'œil sur tout. Les événements de la vie obligent le vendeur à être en alerte au quotidien.

Témoignage

Cédric, vendeur dans une enseigne d'optique : « *Je renseigne un client dans sa recherche de lunettes de correction. Trois jeunes entrent dans le magasin. Je ne les "sens" pas. Ils se baladent partout, je dois continuer à servir mon client. Soudain, l'un d'entre eux passe derrière le comptoir. Je lui fais remarquer qu'il n'a rien à faire là. Il me répond qu'il ne sait pas et que ce n'est pas écrit. Voyant que cela pouvait devenir risqué, je demande à ma cliente de patienter une minute. Je m'approche d'eux pour savoir en quoi je pouvais leur être utile. Le problème est qu'ils sont partis avec mon téléphone portable. J'ai également dû faire l'inventaire pour vérifier que rien d'autre n'avait disparu.* »

De plus en plus d'enseignes font appel à des prestataires de service (vigiles, maîtres-chiens...) pour rassurer vendeurs et clients. Le vigile est ou doit être intégré comme partie prenante du point de vente : de plus en plus, il accueille, renseigne et accompagne le client.

Savoir percevoir en se mettant à la place du visiteur

À force d'entraînement, de répétition, l'œil s'aiguise et l'expérience s'enrichit de toutes ces informations qui permettront de gagner en discernement, de se mettre à la place du visiteur et de faire des choix.

Témoignage

Tony, vendeur d'une grande marque de prêt-à-porter : « *Un monsieur entre dans la boutique accompagné d'une personne plus âgée. Il y a de fortes chances que cela soit sa mère. Il souhaite s'acheter un costume pour son mariage à venir. Très vite, je constate que c'est bien sa mère et qu'elle semble vouloir tout prendre en main. Son fils reste dans une position plutôt passive. Dès cet instant, il fallait jouer sur deux tableaux :*

- *avec le fils, en lui donnant toute l'attention nécessaire, en le rassurant, en valorisant ses choix. Je devais également le convaincre et lui donner toute l'importance nécessaire ;*
- *avec la mère, qui vraisemblablement allait payer, en allant aussi dans son sens. Je me devais d'être attentif, de prendre en compte ses indications et d'apporter des réponses et des solutions les plus professionnelles.*

Mon sens du détail et mes explications sur les finitions m'ont permis de rassurer définitivement la mère et d'éviter un refus du fils se voyant dévalorisé. Ils m'ont acheté le costume et deux chemises en complément.

On voit par cet exemple que, par l'observation, on arrive à faire intuitivement une analyse du comportement du client. Cela aide à identifier la personnalité du visiteur ou des visiteurs et à prendre en compte ses traits pour mener à bien la vente. On entre ici simplement dans l'analyse du comportement.

Le comportement du visiteur

Qu'est-ce qui nous intéresse dans cette analyse du comportement ? Le simple fait d'observer la façon d'agir, les gestes, le langage du corps et les mots, vous permettra de comprendre partiellement comment fonctionne le visiteur qui vient de pénétrer dans votre magasin.

« Que la force me soit donnée de supporter ce qui ne peut être changé et le courage de changer ce qui peut l'être mais aussi la sagesse de distinguer l'un de l'autre. » Marc Aurèle[20]

Quelques explications s'imposent.

---

20. Empereur romain et philosophe stoïcien (121-180).

De quoi parle-t-on ?

Êtes-vous déjà entré dans un magasin pour faire vos achats et ressorti sans rien acheter, à cause du vendeur. Oui ! Pourquoi ?

- Parce que vous avez eu la perception d'avoir été jugé hâtivement : trop grand, trop fort, trop décalé, trop quelque chose...

- Parce que la relation ne s'est pas créée, le vendeur n'était pas disponible, pas souriant, pas accueillant, débordé...

La situation a été tendue ou a insupporté le client et il a décidé d'abandonner pour aller ailleurs. Il ne faut pas oublier que le visiteur a le choix de l'enseigne. Donc si, en tant que vendeur, vous n'êtes pas capables de l'attirer, il ira ailleurs...

Pour servir un client, vous devez appliquer la règle d'or de la communication : *« Traitez votre interlocuteur comme vous aimeriez être traité »*. Mais cette règle est-elle suffisante de nos jours ? Non, parce qu'il y a une règle de platine : *« Traitez votre interlocuteur comme il a besoin d'être traité »*.

C'est-à-dire qu'il est nécessaire de se connaître pour mieux appréhender les autres et gérer les différences. Pour cela, nous vous proposons d'utiliser une méthode pour améliorer votre efficacité et votre flexibilité dans votre communication. L'objectif est :

- de mieux vous connaître dans votre comportement face à votre environnement ;
- de mieux connaître le comportement de votre client, mais c'est aussi vrai pour vos proches, vos collègues ou votre manager ;
- d'adapter votre style de comportement de façon à communiquer plus efficacement.

La méthode Arc-en-ciel – AEC DISC® : comment identifier le comportement de votre client

La base de la méthode AEC DISC®[21] repose sur quatre couleurs dominantes auxquelles on associe des types de comportement. Ces quatre couleurs sont : le rouge, le jaune, le vert, le bleu. Le langage des couleurs est le langage universel du comportement humain observable. Vous en aurez la preuve en observant les autres. Nous vivons tous les jours dans un laboratoire où nous pouvons observer, expérimenter et apprendre à mieux communiquer.

---

21. La méthode AEC DISC® est une méthode novatrice. Elle synthétise les travaux de Carl Jung sur les types psychologiques et la théorie DISC de William Marston conjointement à une recherche sur les comportements associés aux couleurs. www.arcencielrh.com

Exercice

Prenez une feuille de papier et faites le petit exercice suivant. Comment une personne qui porterait des lunettes dont les verres sont teints en rouge verrait elle le monde, en termes de comportement ? Ou quel comportement associez-vous à la couleur rouge (quatre ou cinq qualificatifs suffisent) ? Faites de même si les verres sont teintés de jaune, puis de vert et enfin de bleu.

Maintenant, comparez ce que vous avez noté avec le tableau suivant en reprenant les qualificatifs dans chaque couleur.

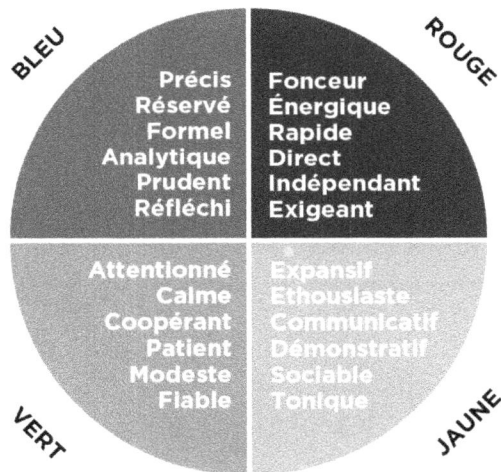

BLEU
Précis
Réservé
Formel
Analytique
Prudent
Réfléchi

ROUGE
Fonceur
Énergique
Rapide
Direct
Indépendant
Exigeant

VERT
Attentionné
Calme
Coopérant
Patient
Modeste
Fiable

JAUNE
Expansif
Ethousiaste
Communicatif
Démonstratif
Sociable
Tonique

Vous constatez beaucoup de similitudes entre vos réponses et celles présentées, c'est normal. Les couleurs ne sont pas anodines, ce sont les couleurs fondamentales que nous retrouvons dans notre vie quotidienne.

(suite page 100)

- En peinture, les trois couleurs de base sont le rouge, le jaune et le bleu.
- Les couleurs rouge et jaune sont reconnues pour des couleurs chaudes alors que le vert et le bleu sont qualifiés de couleurs froides. On identifie bien l'eau chaude avec le robinet marqué d'une pastille rouge et inversement d'une pastille bleue pour l'eau froide.
- Les couleurs sont prises dans l'ordre de l'arc-en-ciel (rouge, orange, jaune, vert, bleu, indigo...) d'où la méthode Arc-en-ciel®.

Nous avons tous une anecdote en tête où les choses se sont mal passées parce que les comportements des personnes étaient en totale opposition. Par exemple : comment un vendeur d'un magasin à dominante « verte » risque-t-il de servir un client à dominante « rouge » ?

Fiche pratique 11

Les traits qui caractérisent le comportement du visiteur ou du client

Essayons d'appliquer la méthode à notre sujet par quelques exemples.

Une cliente entre dans votre magasin, vous l'observez puis vous l'accueillez. Son pas est vif et elle vous dévisage des yeux. Elle donne plutôt de la voix, dans un rythme qui ne vous laisse peu de place pour envisager de lui poser une question. Elle a à peine dit bonjour qu'elle vous précise ce qu'elle veut avec des caractéristiques précises, sûre de maîtriser parfaitement son sujet.

Quels sont les traits qui caractérisent son comportement ? Vous avez bien une idée !

Une autre cliente entre lentement dans le magasin, elle est plutôt décontractée. Elle ne vous regarde pas franchement. Ses yeux vont des présentoirs à vous sans donner de signal particulier. Vous finissez par vous approcher d'elle et la saluer. Sa voix est lente mais chaleureuse. Elle s'exprime peu et ses réponses sont courtes.

Quels sont les traits qui caractérisent son comportement ? On voit tout de suite qu'ils sont différents du premier exemple.

Un client arrive sans que vous ayez eu le temps de le voir entrer. Ses vêtements sont colorés sans tomber dans le flashy. Avec un grand sourire, il vous dit bonjour ! À peine avez-vous eu le temps de lui renvoyer son bonjour qu'il vous parle de sa visite de votre boutique à Cannes la semaine dernière. Il adore Cannes et commence à vous raconter tout ce qu'il a vu.

Il ne semble pas compliqué de découvrir les traits comportementaux de cette personne. Par contre, quels sont les risques visibles auxquels vous, vendeur, allez rapidement être confronté ? Quelle attitude allez-vous devoir adopter ? Essayez de répondre sans lire la suite.

Nous venons de le développer, il est possible pour chacun d'entre nous d'observer ces caractéristiques et méthodiquement identifier un style de comportement à chaque personne. La recherche comportementale suggère que les personnes les plus efficaces sont celles qui se comprennent elles-mêmes et qui ont la capacité de comprendre les autres.

« Si vous vous comprenez mieux vous-même qu'une personne se comprend elle-même, vous aurez une longueur d'avance. »[22]

Plus le vendeur a conscience de ses forces et de ses faiblesses, plus il pourra identifier les forces et faiblesses des visiteurs. Par sa compréhension, le vendeur développera la stratégie appropriée pour découvrir ses besoins, ses motivations et ses désirs.
« Si vous vous comprenez mieux vous-même et comprenez mieux une personne qu'elle se comprend elle-même, vous aurez deux longueurs d'avance. »[23]
Nous créons ainsi une relation équilibrée dans l'échange comme dans le rapport

Comment agir face aux comportements des visiteurs ?

En adaptant son comportement au visiteur, le vendeur crée une relation de confiance qui participe au plaisir, à l'épanouissement, au bien-être et au confort. Cela renforce également l'atteinte des objectifs personnels du vendeur comme ceux du point de vente.

---

22 et 23. Patrice Fabart, *Révélez le manager qui est en vous !* [méthode des couleurs®], Editions ems, 2008.

Fiche pratique 12

S'adapter au visiteur

Personne ne vous achètera quelque chose avant d'être entièrement convaincu que vous agissez dans son meilleur intérêt. En créant une relation de confiance, par les gestes, par la voix et les mots, vous allez vous adapter à cette personne : vous vous synchronisez avec elle. En adoptant le plus possible sa façon de se comporter comme de communiquer, cela va vous permettre d'arriver à conduire positivement l'entretien.

Nous verrons plus loin (cf. Découvrir le besoin et le désir du visiteur, page 107), comment adapter l'entretien de découverte selon la couleur dominante du client. De même, nous verrons comment vous adapter pour présenter la meilleure solution.

Pour compléter notre observation, nous pouvons nous poser une autre question : est-ce que ce client est tactile, visuel ou kinesthésique ? (Se reporter pages 121 et 128).

Croire en la loyauté de l'autre ainsi qu'en sa bienveillance

Un minimum de confiance constitue un préalable à la relation. Un client qui entre dans un point de vente, ce n'est pas par hasard. Quel est le « capital confiance » de la marque auprès du visiteur ? Une deuxième étape est la construction de cette confiance. Le visiteur vient dans votre point de vente car il adhère aux valeurs de la maison ou de la marque (éthique, organisation citoyenne, humaine…). C'est au vendeur qu'il appartient de consolider la relation par son appartenance aux valeurs, sa sincérité, son agilité, son professionnalisme.

Que veut le visiteur ?

Mots clés

BESOIN, MOTIVATION, DÉSIR, QUESTIONS, ÉCOUTE, SONCAS, ESSAYER, UTILITÉ, USAGE, COMPARER, SE RENSEIGNER, ACHETER, ÉCHANGER, RÊVER, PLAISIR, BIEN-ÊTRE, QUESTIONNER, COMPRENDRE, DÉCOUVRIR, REFORMULER, DEMANDE, ATTENTE, SURPRISE, ACCUSER RÉCEPTION, FEEDBACK, VALIDER, ACQUIESCER.

Contexte

Avec Internet, le visiteur a accès à toutes les d'informations pour satisfaire sa curiosité ou sa recherche, il est déjà informé. S'il vient en magasin, c'est bien pour une multitude de raisons : il veut toucher, comparer, échanger avec le vendeur… ce qu'il ne pourra pas faire sur Internet ou en tout cas pas de la même façon.

- Il veut apprendre à mieux consommer en s'imprégnant de la culture de la marque ou du produit en cherchant comment ce produit va lui procurer plus d'avantages, de bénéfices ou tout simplement d'art de vivre.
- Il vient chercher une ambiance et se laisse séduire par l'animation et la vie du magasin.
- Il vient chercher du plaisir et du bien-être en se faisant conseiller en se faisant aider à choisir et à décider.

- Il vient pour se laisser surprendre et trouver du plaisir en vivant une expérience client unique.
- Il vient, pour certains, se faire servir.

Il faut créer une interaction positive entre le client et le vendeur. Nombre de marques et de magasins ont déjà intégré Internet dans leur espace : on parle de commerce connecté. Un client qui achète par défaut le fera plus souvent par Internet. Tandis qu'un client qui se déplace dans un magasin, le fera pour se renseigner, échanger et choisir. Il est même en attente d'une relation au-delà de l'acte de vente : la fidélisation, un autre levier de croissance ?

Le vendeur doit s'adapter en acceptant ces changements. Il devient un vendeur connecté. Il ne s'agit pas de révolution, mais la qualité de la relation créée, l'écoute, la découverte et le conseil feront la différence.

Le vendeur est il pour autant dispensé de faire l'étape de la découverte?

Interview

Denis Cohignac

Président de Formatis International SAS, centre de formation
spécialisé dans le monde de l'automobile

« Avec l'utilisation d'Internet, le client est de plus en plus renseigné et on constate qu'il a choisi le produit qu'il souhaite acheter avant même de venir dans un espace de vente. Le client se passe du vendeur. Quand il vient dans un espace de vente, c'est pour trouver un conseil et des réponses généralement sur le prix, les conditions de reprise et/ou sur des finitions spécifiques. La phase de découverte paraît donc réalisée. Mais

très souvent, en revisitant cette étape, le vendeur s'aperçoit d'un grand nombre d'imprécisions, d'un manque d'informations et/ou d'erreurs de compréhension de la part du client. C'est à cet instant que le vendeur joue son rôle de conseil en reformulant les besoins du client, en le questionnant et en vérifiant l'adéquation entre son souhait, ce qu'il a compris et ce qu'il est possible de proposer.

C'est le moyen pour le vendeur de personnaliser la relation avec le client, de créer un échange constructif dans un contexte de confiance et de plaisir. »

Retrouvez l'intégralité de l'interview en utilisant le lien suivant :

La finalité est de transformer une simple visite en un acte d'achat, sur place ou ultérieurement en ligne, répété dans le temps. Même si le client dit « je veux ce produit », « c'est combien ? », « je suis pressé »... le vendeur aura soin de découvrir le besoin du visiteur par son écoute active (cf. L'écoute active, page 111).

Analyse

Exploiter la relation créée en questionnant, en écoutant et en continuant d'observer

« Un monsieur entre dans la parfumerie. Il me demande un parfum qui sent bon ! » Mais encore ?

Découvrir le besoin et le désir du visiteur

Même si le client est de mieux en mieux informé et non pas renseigné, l'écoute est le pivot du processus de vente. Il permet de mettre en évidence son besoin, ses motivations et ses désirs.

Le ou les besoin(s)

« Je regarde pour un costume » : le client exprime un besoin, mais cela suffit-il ? Après avoir identifié mon visiteur, il est important d'évaluer à quel usage est destiné ce costume, dans quel environnement... Mais également savoir l'échelle des priorités, allant des besoins les plus nécessaires (on parle de « biens inférieurs ») aux besoins les moins nécessaires, presque superflus (ce qui correspond aux « biens supérieurs. »)[24]

Si certains besoins sont incontournables, répétitifs et vitaux : s'alimenter, se vêtir..., d'autres sont plus subjectifs, plus mouvants, plus irrationnels : on parle de désir. Cela relève essentiellement du rêve et des fantasmes.[25]

(suite page 108)

24. Danielle Alléres, *Luxe... : stratégie, marketing,* Economica, 4e éd. 2005.
25. Patrick Butteau, *Mieux vendre avec la PNL,* A.Franel Editions, 2e éd. 2013.

Le ou les désir(s)

« On dira que le désir est l'expression des besoins sans lesquels ceux-ci ne peuvent être ni demandés, ni satisfaits. C'est la partie la plus subjective des besoins qui exprime toute l'irrationalité ».[26]

Par exemple, le visiteur dans sa recherche de costume peut traduire des désirs très différents :
- un changement de mode de vie (passage de la vie d'étudiant à la vie professionnelle...) ;
- un changement de classe sociale (ascension professionnelle, changement de quartier, de ville ou de pays) ;
- un goût pour la mode (souhait de s'y conformer, d'imiter, de ressembler) ;
- un désir de s'identifier à un personnage, de créer un personnage.

Si le désir est plus subtil, le vendeur doit découvrir dans tous les cas les motivations personnelles d'achat de son visiteur.

Les différentes motivations d'achat

Les motivations d'achat sont les raisons pour lesquelles un visiteur va sélectionner ou choisir ce costume plutôt qu'un autre. Chaque visiteur est différent, ce qui fait que chaque vente sera différente. Cela concourt au plaisir du métier de la vente. C'est bien pour cela qu'il n'y a pas de monotonie dans le métier de la vente.

---

26. Danielle Alléres, *Luxe... : stratégie, marketing*, economica, 4e éd. 2005.

Les décisions d'acquisition reposent sur :

- des critères rationnels (niveau de vie, niveau des prix, d'utilité...) ;
- des critères psychosociologiques (style de vie, courant de mode, influence de la publicité).

Il existe une méthode simple qui facilitera la vie. C'est la méthode dite « SONCAS » qui consiste à identifier parmi six motivations principales d'achat du visiteur celle ou celles qui prédomine(nt).

Rappelez-vous l'histoire de monsieur Martin (cf. Introduction, page 21), celui-ci souhaite avancer dans la concrétisation de son rêve : s'acheter un 4 × 4 d'une grande marque.

Histoire

Au-delà de la puissance et de la notoriété de la marque, le 4 × 4 doit présenter, aux yeux de monsieur Martin, les avantages suivants :

- *la modularité au niveau des sièges pour offrir un grand espace si nécessaire. En effet monsieur Martin a une maison de campagne. Passionné de brocante, il veut pouvoir transporter du matériel de jardinage ou des meubles sans se soucier du volume ;*
- *la sécurité : monsieur Martin se sentira plus à l'aise dans une voiture haute et solide ;*
- *le confort : monsieur Martin souhaite ressentir le confort et les sensations qu'il aurait avec le modèle berline de la même marque ;*
- *un bon service après-vente (il déteste les contrariétés) ;*
- *une motorisation qui ne lui coûte pas une fortune à chaque plein.*

Enfin, monsieur Martin souhaite faire une surprise à sa femme.

Au regard de ces informations, les critères rationnels sont principalement :

Le confort : par la modularité au niveau des sièges pour offrir un grand espace si nécessaire. En effet monsieur Martin a une maison de campagne. Passionné de brocante, il veut pouvoir transporter du matériel de jardinage ou des meubles sans se soucier du volume. Ressentir le confort et les sensations qu'il aurait avec le modèle berline de la même marque.

La sécurité : monsieur Martin se sentira à l'aise en toute saison. Un bon service après-vente (il déteste les contrariétés) ; une motorisation qui ne lui coûte pas une fortune à chaque plein.

Tandis que les critères psychologiques, dans une moindre mesure sont :

De l'orgueil : Monsieur Martin veut posséder sa propre voiture, se sentir plus à l'aise dans une voiture haute et solide.

De la sympathie : Monsieur Martin souhaite faire une surprise à sa femme.

Ces motivations sont précieuses pour déterminer ensuite la solution ou le produit à proposer.

Mais toutes ces informations, vous ne les connaissez pas à l'avance ! Si vous ne prenez pas le temps de questionner ni d'écouter, vous ne les obtiendrez pas. Vous risquez alors de faire comme Jérémy : passer à côté de la vente.

Questionner et écouter

Fiche pratique 13

L'écoute active

Revenons à l'histoire de monsieur Martin.

Histoire

Nous ne reviendrons pas sur l'accueil qui a été réservé à monsieur Martin. Concentrons-nous sur la phase de découverte, sans changer l'entrée en matière :

— *Bonjour, en quoi puis-je vous aider ?*
— *Bonjour,* répond monsieur Martin, un peu sur la défensive. *Voilà je suis intéressé par le modèle 4 × 4. J'ai vu dans les revues le modèle W en diesel et en hybride.*
— *C'est un bon choix monsieur, 140 chevaux, 104 kW à tr/min, accélération de 0 à 100 km/h en 10,7 secondes, vitesse maximum de 183 km/h... Cela tombe bien, nous avons un modèle d'exposition, je vous invite à vous y asseoir.*

— Si je veux transporter un meuble, les sièges sont-ils modulables ?
— Oui, pas de problème, comme toutes les voitures maintenant !

Analysons ces premiers échanges.

En disant : « *en quoi puis-je vous aider ? »*, Jérémy pose une première question dite « ouverte ». Il a raison, car cela laisse peu de place, en retour, à une réponse négative.

D'emblée, monsieur Martin donne des éléments importants sur sa recherche. Également, quand il dit « *je suis intéressé… »*, Jérémy doit prendre positivement cette affirmation.

De même, féliciter monsieur Martin du choix sur lequel il souhaite se porter est tout à fait positif. C'est après que cela se gâte, au moment où monsieur Martin questionne : « *Si je veux transporter un meuble, les sièges sont-ils modulables ? »*.

Pour découvrir l'ensemble des motivations décrites ci-dessus, il n'y a pas d'autres solutions que de poser d'autres questions et de prendre le temps d'écouter. C'est le processus incontournable pour avancer pas à pas pour connaître toutes les motivations de monsieur Martin. C'est d'autant plus vrai que certaines informations plus profondes, comme faire une surprise à sa femme, ne viendront pas aussi facilement que cela.

À la question de monsieur Martin, Jérémy doit formuler une réponse qui valide l'information. Mais ensuite, il faut qu'il en sache plus. Cela pourrait être :

— « *Oui monsieur, les sièges sont modulables. Pour quel usage souhaitez-vous qu'ils le soient ? »* ou « *Oui monsieur, les sièges sont modulables. Pensez-vous à une utilisation particulière ? »*

À cette question ouverte, monsieur Martin n'a pas de raison de répondre en faisant de la rétention d'information. Il devra tout naturellement évoquer les raisons de l'usage qu'il veut faire du 4 × 4 (transporter du matériel de jardin, brocantes…). C'est bien, mais cela ne suffit pas. Jérémy doit en savoir plus. Il lui faut poser toute de suite une autre question ouverte :

— « Quelles sont les autres qualités que doit avoir pour vous un 4 × 4 ? »

C'est la bonne manière pour savoir définitivement que monsieur Martin possède une maison de campagne, mais également que dans un 4 × 4 il a besoin de se sentir en sécurité voire peut-être de dominer.

Chercher les motivations subjectives

À ce moment, ne vous contentez pas de la première réponse pour reprendre la parole ou poser une nouvelle question. Laissez à votre visiteur du temps afin qu'il puisse continuer à s'exprimer. Face à votre écoute et à votre silence, très souvent, le visiteur va occuper l'espace que vous lui donnez et, petit à petit, il vous délivrera des informations précieuses qui vont compléter votre information et parfois auxquelles vous ne vous attendiez pas. Le fait que monsieur Martin souhaite faire une surprise à sa femme, par exemple.

Pourquoi ? Parce que c'est une réalité : nous formulons en premier lieu des réponses dites « logiques » alors que nos motivations sont essentiellement émotives (on parle d'un rapport de 30 % pour les raisons logiques et de 70 % pour les raisons émotives).

Plus le client s'exprimera, plus il aura le sentiment d'être écouté et que toute l'attention lui est accordée. C'est à partir de ce moment qu'il en dira plus. Cela ne prend pas plus de temps, car, très souvent, cette façon de faire évite de poser d'autres questions. Le temps que vous prenez à l'écoute active accélérera votre temps global de découverte tout en vous donnant des informations précieuses.

Pas de doute, si Jérémy avait pris en compte ce premier niveau d'informations communiquées par monsieur Martin, il aurait passé tout le temps nécessaire à montrer à celui-ci le volume de la voiture et à lui démontrer la modularité de sièges. Il se serait également attardé sur les avantages du 4 × 4 au niveau de la sécurité et du confort de conduite pour se rendre à sa maison de campagne comparativement à une berline classique.

Des questions fermées pour préciser certains points

À ce moment, Jérémy doit savoir quel type de voiture monsieur Martin a l'habitude de conduire :

— « *Possédez-vous un 4 × 4 ?* » ou « *Quel type de voiture utilisez-vous en ce moment ?* »

Ce sont des questions plus fermées, qui permettront de savoir que monsieur Martin a toujours eu des voitures de fonction dans le cadre de son activité professionnelle. Le 4 × 4 serait son premier véhicule personnel. Ce qui explique également qu'il s'est préalablement documenté et que c'est nouveau pour lui.
Il est temps maintenant d'élucider son niveau d'information entre le diesel et l'hybride. Il n'est pas forcément nécessaire de reposer des questions directes, mais plutôt de privilégier l'échange en revenant sur les caractéristiques du véhicule tout en prenant soin de faire une comparaison entre les deux motorisations. Cet échange suscitera à coup sûr des interrogations de la part de monsieur Martin. Jérémy n'aura qu'à donner à monsieur Martin les précisions nécessaires tout en s'assurant qu'elles répondent à son attente et que celui-ci aura tous les éléments pour avancer dans son choix.

Bien sûr, le contexte va guider l'échange, car, dans la mesure du possible, il faut essayer de faire votre découverte sous forme de discussion plutôt que d'une liste de questions.

Jérémy a maintenant beaucoup d'informations qu'il faut exploiter pour avancer dans le processus de vente et être en mesure de faire une proposition. C'est le moment de reformuler toutes les informations émises par monsieur Martin.

Reformuler

La reformulation des informations est l'étape essentielle pour avancer dans l'adhésion du client. En reformulant, vous accusez réception du message émis par le visiteur en réexprimant ses propos. Cela permet :

- de lui montrer que vous l'écoutez et que vous le comprenez ;
- d'éviter toute dépréciation d'information ou distorsion entre ce qu'il vous dit et ce que vous avez compris ;
- mais surtout d'obtenir un nouveau précieux « oui » qui va vous permettre d'avancer dans votre vente.

Plus que jamais, la dépréciation d'information ou la distorsion sont à prendre en compte.

La dépréciation d'information et la distorsion dans la communication

Un client est assis à une terrasse de café et passe commande. Le barman arrive avec autre chose que ce que le client a commandé. Celui-ci a-t-il parlé trop vite ou le barman a-t-il trop vite « compris » ce qui a été dit ? Sans compter le stress qui contribue à la confusion, l'environnement bruyant... Cela montre combien il est important de ne pas négliger ces situations.

Pour expliquer une situation de ce type, il y a tout d'abord la dépréciation de l'information, que l'on appelle « l'entonnoir de communication ». Comment l'information se déprécie-t-elle entre :

- ce que le visiteur doit dire, ce qu'il pense dire, ce qu'il sait dire et ce qu'il dit ;
- et ce que vous, vendeur, entendez, ce que vous écoutez, ce que vous comprenez, ce que vous acceptez, ce que vous retenez et ce que vous direz ?

Nous avons tous à l'esprit le jeu du « bouche à oreille » (ou « téléphone arabe »).

En reformulant l'information, vous évitez ce piège. Par exemple, dans le cas de monsieur Martin, vous pouvez dire :
– « *Au début de notre entretien vous parliez de choisir entre une motorisation hybride et diesel, c'est bien cela ? Auriez-vous une préférence ?* »

Il y a aussi les distorsions d'information, que l'on trouve essentiellement dans :
- l'expression : c'est-à-dire l'écart entre ce que je veux dire et ce que j'arrive effectivement à dire. Il nous arrive bien souvent de dire autre chose que ce que nous pensons ;
- le codage : c'est-à-dire entre ce que je comprends (ma volonté ou ma façon de comprendre) et ce que je dis ;
- le bruit, qui perturbe notre communication ;
- la réception : on reçoit l'information de notre interlocuteur en fonction de notre système de codage, c'est-à-dire notre niveau de perception de la réalité ;
- l'écoute : notre écoute n'est pas toujours constante ni soutenue ;
- la mémorisation : l'information se déprécie avec le temps ;
- le vocabulaire : les mots véhiculent un double sens, celui de la dénotation (le sens du mot en lui-même) et celui de la connotation (le sens qui vient s'ajouter selon la situation, le contexte).

Tous ces facteurs peuvent jouer un rôle très négatif et couper court au processus engagé. La solution : prendre son temps, faire la découverte du client et reformuler l'information émise par le client pour sécuriser la communication et avancer en toute sérénité.

Reformuler pour collecter des « oui » dans une attitude positive

Enfin, la reformulation a pour objectif final d'aller chercher, après celui du premier accord, un nouveau « oui ».

« Quand la personne dit « oui », son organisme prend une attitude réceptive, consentante. Par conséquent, plus nous parviendrons à conquérir de « oui » et mieux nous réussirons à mettre notre visiteur dans une humeur favorable à notre proposition. »[27]

En faisant ainsi, vous entraînez le visiteur dans une attitude positive. C'est fort utile pour la suite.

Organiser la découverte selon les comportements

Pour faire une bonne découverte du visiteur, il n'y a pas de méthode unique. Beaucoup de paramètres seront à prendre en compte en fonction des métiers, des environnements et des situations. De même, chaque visiteur agira différemment à votre plan de découverte.
Nous avons vu précédemment (cf. Observer et s'adapter au visiteur) comment identifier et classifier les dominantes dans les comportements. L'objectif maintenant est d'utiliser à votre avantage les observations faites lors de l'accueil et de l'accroche du visiteur pour adapter votre recherche du besoin de celui-ci, selon le comportement du visiteur.

---

27. Dale Carnegie, *Comment se faire des amis,* Le Livre de Poche, 1975.

👍

Fiche pratique 14

rechercher les besoins du visiteur

À propos de monsieur Martin, quel est son comportement dominant ? Si on résume : il a attendu, il a senti une gêne face à l'accueil intrusif de Jérémy, à en être mal à l'aise ; il est venu en ayant une idée assez précise de ce qu'il veut et a présenté son besoin simplement ; il a posé des questions précises ; il a montré qu'il a besoin d'être rassuré. De ces constats, on tire les traits de comportement suivants. Monsieur Martin est calme, modeste, patient ; il est dans la stabilité, on peut le rattacher à la couleur verte. Mais il est également précis, réservé, prudent ; il est plutôt dans la conformité, on peut le rattacher à la couleur bleue. Monsieur Martin a donc deux couleurs dominantes : le vert et le bleu.

En reprenant les recommandations ci-dessus, Jérémy aurait pu « faire sa découverte » en :
• allant sans précipitation à la rencontre de monsieur Martin, en ayant de l'égard vis-à-vis de lui ;
• comprenant bien le besoin de monsieur Martin en trouvant les mots justes et simples.

Il aurait facilement pris connaissance des motivations de celui-ci et aurait adapté son développement d'une tout autre manière.

Avec un peu de temps et de pratique, les bons réflexes vous viendront d'eux-mêmes. Vous saurez naturellement vous adapter au comportement de votre visiteur et agir, comme nous venons de le voir avec monsieur Martin, en conséquence.

Le professionnalisme passe par l'écoute, pour bien conseiller

Le visiteur est demandeur de conseils. Au-delà des caractéristiques du produit et des comparatifs, il y a cette attention par rapport à son goût et à ses désirs. Pour bien le conseiller, il faut d'abord l'observer et l'écouter.

Interview

Patrice Lizot

Coiffeur, coloriste visagiste

« Parlez-moi de vos cheveux ! » : c'est la première chose que je demande à mon client, dès qu'il est installé, avec ce souci de ne jamais l'influencer ni d'interférer par rapport à ce qu'il a à me dire. Je suis prêt à passer dix minutes pour bien identifier son ressenti, car les clients sont souvent sévères avec leurs cheveux ou ils ne savent pas, au premier abord, exactement ce qu'ils veulent. À travers ces échanges, j'essaye d'avancer dans la recherche de ce qu'ils, consciemment ou inconsciemment, souhaitent. Et c'est seulement à ce moment-là que je peux imaginer ou faire évoluer un style de coiffure.

En disant « parlez-moi de vos cheveux », on entre forcément dans une certaine forme d'intimité. S'il est à l'aise, le client finit par parler de lui en laissant de côté une certaine forme de pudeur ou de timidité.

Plus j'en saurai, plus il me sera facile d'imaginer et de sculpter un style de coiffure en rapport avec la personnalité de mon client. C'est pour cela que mes clients ne sont jamais totalement coiffés à l'identique après chaque rendez-vous.

L'écoute est également importante quand le travail est fini, afin de prendre en compte attentivement le ressenti du client et de répondre à toute question ou interrogation.
Certains de mes clients repartent même en « sautillant » jusqu'à l'ascenseur, témoignant de leur bien-être et de toute l'attention qui leur a été apportée. »

Retrouvez l'intégralité de l'interview en utilisant le lien suivant :

Pour le visiteur, l'écoute qui lui est apportée diminue sa résistance, elle construit la confiance et renforce l'estime de soi. Au vendeur de capitaliser ces ouvertures en écoutant attentivement son visiteur sans l'interrompre, en faisant une pause avant de répondre, en donnant s'il le faut des clarifications et en n'oubliant pas, *in fine*, de reformuler l'information.

Faire découvrir

La découverte se fait également par la visite ou la présentation des produits exposés en vitrine, en rayon, sur une tablette, un Smartphone ou un ordinateur, avec pour double objectif :

- d'aider le visiteur dans l'expression de son besoin et de ses motivations en lui présentant également des produits auxquels il n'aurait pas pensé ;
- d'observer ses réactions au fur et à mesure de sa découverte.

En visualisant les produits, le visiteur exprime souvent plus facilement son besoin et dévoile quelque peu ses désirs par ses réactions non verbales et verbales.

Nous verrons par la suite combien il est important d'expliquer mais également de montrer, puis de faire toucher ou de faire goûter.

Chacun d'entre nous perçoit le monde à travers ses cinq sens. Nos émotions naissent de ce que nous voyons, nous écoutons, nous touchons, nous sentons et nous savourons. On sait combien le visiteur vient aussi chercher de la sensation, du plaisir et du rêve. La communication multi-sensorielle fait référence à ce qui est :

- visuel (postures et gestes, expression du visage, couleur de la peau, mouvements des yeux) ;
- auditif (volume de la voix, rythme et tonalité) ;
- kinesthésique (toucher, texture, température, poids, humidité, vitesse, direction...) ;
- olfactif (parfums, odeurs) ;
- gustatif (goûts, saveurs).

(Cf. Eveiller les sens de ses visiteurs, page 128.)

Animer pour (faire découvrir) expérimenter

L'enchantement du visiteur est une mission prédominante de l'expérience client. L'animation en est une réponse dans son parcours.

Animer pour informer, pour prouver, pour démontrer, pour créer du plaisir, pour inviter le visiteur à l'immersion, susciter les motivations, les sens...

Les points de vente dégagent des trésors d'idées pour créer de l'animation. Exemple de cette maison de cosmétique bien connue qui a mis en places des fontaines à l'intérieur de leur boutique afin que les visiteurs puissent tester la multitude de savons ou de gels pour les mains en finissant par une crème hydratante, pour compléter leur découverte.

Les exemples ne manquent pas :

Interview

Loïc Aubert

Fondateur, caviste « Le Vin qui Parle »

« Acquérir des nouveaux clients coûte cher ! La question est comment faire du viral avec nos boutiques ? Promouvoir les dégustations et les animations en font partie. "L'objectif est de faire venir les gens dans un but presque non commercial". L'esprit est que nos visiteurs viennent comme ils sont, seul ou à deux ou en famille ou avec des amis pour un moment de découverte mais aussi un moment de vie.

Pour répondre à toutes les demandes nous proposons plusieurs formules : de l'atelier simple d'initiation à la soirée privée en passant par la dégustation libre en présence d'un viticulteur. Nous adaptons nos formules en fonction des attentes et des envies de nos clients jusqu'à organiser des jeux ou team building autour du vin dans un souci toujours de proposer et de personnaliser. »

... Cette activité représente une part significative de notre chiffre d'affaires pour la partie payante, tandis que les dégustations gratuites contribuent à développer notre notoriété et notre base clients. L'ensemble de l'équipe est impliqué à son succès. »

Retrouvez l'intégralité de l'interview en utilisant le lien suivant :

On voit également de nouveaux business models qui allient deux activités dont l'une profitera à l'autre, tout en enrichissant l'expérience en magasin et créant du lien social[28] (exemple une boutique de plantes exotiques associée à un salon de thé).

Ce sont des actions de différentiation indiscutables du point de vente. Le vendeur sera, dans ces contextes, également un animateur ou aura mission d'exploiter les nouvelles dispositions du visiteur.

---

28. Retrouvez cet article sur : www.actionco.fr « Le retail hybride, deux points de vente pour le prix d'un ».

Répondre au visiteur et le conseiller

Mots clés

PRÉSENTER, ANIMER, ESSAYER, PROFESSIONNEL, PERSONNALISÉ, CONFIANCE, COMPARER, SPÉCIFICATIONS, CARACTÉRISTIQUES, AIDER, SERVIR, ACCOMPAGNER, DONNER, GÉNÉROSITÉ, SE RASSURER, TESTER, PRENDRE LE TEMPS, ADHÉSION, DIFFÉRENCIATION, RÉPONDRE, ENTENDRE, CONSEILLER

Contexte

Dans le processus d'achat, on peut schématiser, pour le visiteur et le vendeur, les étapes suivantes :

Pour le visiteur Valider un besoin et des motivations → Trouver une solution → Prendre une décision

Pour le vendeur Faire une découverte → Faire une proposition → Conclure

Par la découverte de votre visiteur, vous définissez plus facilement ses besoins, ses motivations et ses désirs. Vous pourrez lui apporter le juste conseil, la meilleure proposition et ainsi l'inciter à prendre une décision : acheter et/ou revenir et en parler autour de lui.

La découverte aboutie, le vendeur, à cet instant, prendra un soin tout particulier à présenter la solution à son visiteur. Comme le mentionne Patrick Thomas, qui a dirigé Hermès pendant de longues années, lors d'une interview sur BFM Business : « *Le client vient chercher du rêve et de la surprise. Nous avons la volonté de lui offrir du bonheur, parce que nous sommes une entreprise de bonheur et de créativit*é ».[29]

---

29. Stéphane Soumier, Patrick Thomas, Interview de Patrick Thomas, BFM Business, émission *Good morning Business*, le 30 août 2013.

Mon vendeur, ce héros 5.0

La présentation des produits est au cœur du cérémonial de vente

Analyse

Il est acquis qu'il faut savoir mettre en valeur chaque produit au milieu des vitrines ou des rayons. Le *merchandising* œuvre pleinement à cette mission avec les évolutions que l'on connaît.

Le magasin doit aussi offrir la plus grande attractivité possible afin de rendre l'expérience du visiteur agréable, de faciliter l'achat tout en créant de l'animation. Mais c'est au vendeur qu'il appartient de présenter le ou les produits aux visiteurs.

« L'attitude du vendeur conditionne celle de l'acheteur. Le commerçant heureux de vendre fera des clients heureux d'acheter. »[30]

Savoir créer le désir en toutes circonstances

Le *merchandising* se définit comme un élément du marketing englobant toutes les techniques commerciales qui permettent de déterminer la localisation et l'aménagement adéquats du point de vente. Les règles de *merchandising* sont incontournables. Elles confirment entre autres « qu'un produit qui ne se voit pas ne se vend pas ».

Il ne suffit pas de renseigner un visiteur en se contentant de lui indiquer où se trouve le produit qu'il recherche. Dans la plupart des contextes, le vendeur aura la délicatesse, la politesse et le soin d'accompagner et de renseigner son visiteur, comme dans l'exemple suivant.

---

30. Michel Choukroun, *Les dynamiques de succès de la distribution : l'efficacité par le pragmatisme et l'innovation,* Dunod, 2012.

Témoignage

Jean, étudiant en alternance dans une école supérieure de marketing : *« Dans une célèbre boutique de maroquinerie à Lyon, un couple vient d'entrer. Il est accueilli par une de mes collègues. Monsieur accompagne madame pour choisir un sac pour son prochain anniversaire. Ma collègue a pris les choses en main et le couple a suivi bien volontiers. Au bout d'un moment, le monsieur a décroché et s'est éloigné pour venir s'asseoir sur l'un de nos fauteuils. Le voyant seul, je prends l'initiative, après un moment, de m'approcher de lui et de lui proposer un café. Il accepte bien volontiers. En lui apportant son café, je me permets de lui demander s'il a vu la nouvelle collection homme. Il me répond que non, je lui propose de la lui faire découvrir après qu'il aura bu son café. Madame a bien trouvé le sac dont elle rêvait pour son anniversaire et monsieur s'est également offert un porte-documents léger qui sera parfait quand il ne lui est pas nécessaire d'utiliser sa lourde serviette. »*

Il y a ici de l'observation mais également de l'empathie de la part du vendeur. Cette empathie sera souvent récompensée, nous le reverrons par la suite.

Il appartient au vendeur de provoquer les situations. Plus il aura soin de présenter les produits, plus il créera d'occasions de susciter l'intérêt. Reste ensuite à savoir répondre au client et à savoir le conseiller.

L'art de présenter un produit et de le mettre en scène

La présentation du produit ou de la solution est au cœur du processus ou du cérémonial de vente.

C'est un moment capital ou seul le vendeur face au visiteur aura soin d'éveiller les sens, crée du désir et de faire en sorte que le visiteur se l'approprie.La façon de faire découvrir les produits a également une grande importance. Une fois de plus, le langage non verbal et verbal devra s'adapter à l'environnement de vente.

Quelques exemples :

- Dans un restaurant, le serveur – dans certains cas, le sommelier – fait découvrir au client la bouteille que celui-ci a commandée. Il prend soin de la présenter sans mouvements brusques, à deux mains, penchée vers le client pour lui en faciliter la découverte. Il rappelle au client son appellation, dans le souci de vérifier que c'est bien ce que celui-ci attendait, mais également lui donner le plaisir de regarder la bouteille et son étiquette avant de l'inviter à découvrir et déguster son contenu.

- Le bijoutier prend avec soin, souvent avec des gants blancs, la bague que le client a repérée. Dans un mouvement harmonieux et délicat, il la met en valeur, à portée de vue, tout en donnant quelques explications. Il laisse au client le temps de la découvrir, de l'admirer et, seulement après, invite celui-ci à l'essayer.

- Les maisons de parfum dépensent des trésors de créativité à concevoir chaque nouveau flacon de parfum et son emballage. Le vendeur a soin de le faire découvrir et admirer pour transmettre l'image et les codes associés à la marque. Ils en sont les ambassadeurs.

- La conseillère de vente présente à la cliente une robe à sa taille. Elle la lui fait découvrir en la tenant par le cintre d'une main haute et en passant l'autre main sous la robe pour la mettre en valeur, laisse le temps à la cliente de la contempler et lui donne encore plus envie de l'essayer.

- Sur le marché, le maraîcher derrière son étal interpelle les clients. D'une voix de bonne humeur, il présente ses nouveaux arrivages en vantant leur qualité gustative et invite les clients à les goûter.

• Le cordonnier confirme au client que ses chaussures sont réparées en présentant son travail, en lui donnant quelques explications et en vérifiant que celui-ci est satisfait.

• Le vendeur présente à l'écran une simulation 3D du projet de cuisine de ses visiteurs. L'art de la démonstration à l'écran, d'expliquer le concept, de montrer la facilité avec laquelle on peut changer les paramètres liés aux différents styles, aux choix des matériaux ou des couleurs va permettre aux visiteurs de rentrer avec aisance dans leur projet. Les visiteurs s'enrichissent ensuite des suggestions et des recommandations du vendeur afin que petit à petit ils s'investissent pour que leur rêve devient bientôt une réalité.

L'affluence ne permet pas toujours au vendeur de donner suffisamment de temps au visiteur pour lui présenter les produits, pourtant il ne faut pas négliger cette étape. C'est la façon dont le vendeur présente le produit qui donnera ensuite au visiteur envie de toucher, d'essayer, de goûter ou de sentir.

La présentation permettra également de prendre en compter les réactions, les remarques et les objections points indispensables pour faire avancer la vente.

Éveiller les sens de ses visiteurs

Vos cinq sens – la vue, l'ouïe, le toucher, l'odorat et le goût – vous permettent de capter les informations de votre visiteur. Ils font office d'appareil de réception. Le vendeur détectera la ou les dominantes sensorielles du visiteur et adaptera sa présentation et son discours en fonction. (Voir fiche pratique 15 ci-contre).

Pour connaître la modularité des sièges, monsieur Martin s'est retourné vers l'arrière de la voiture ; de même, il a essayé d'ouvrir le coffre afin de se rendre compte de son volume. Il est important pour lui de vérifier qu'il pourra déposer aisément son matériel de jardinage ou ses découvertes des brocantes qu'il affectionne particulièrement. Pas de doute, monsieur Martin attache de l'importance au visuel, Jérémy devait en tenir compte.

Fiche pratique 15

Projeter le visiteur dans le sens le plus développé pour lui

Présenter un produit fait partie du rôle du vendeur, il prend, comme évoqué précédemment, de plus en plus souvent, la casquette de « l'animateur » avec l'unique objectif de créer et donner du plaisir. C'est un moyen de se différencier des magasins qui ont fait le choix de ne pas avoir de vendeur.

Le vendeur utilise également les outils digitaux pour créer du lien. La plupart des maisons de luxe ont délibérément voulu maîtriser directement la distribution de leur marque et leurs produits. Ainsi par un contrôle total de la symbolique et des codes, l'image et les cérémonials sont scrupuleusement respectés, tant au niveau de l'accueil, du conseil, des événements, des animations digitales, que des services.

Connaître ses produits et tout ce qui tourne autour du produit

Connaître son produit est bien et nécessaire, savoir le valoriser est encore mieux. La méthode la plus éprouvée reste la présentation des caractéristiques du produit par ses avantages. La cerise sur le gâteau, c'est la présentation des bénéfices pour le visiteur.

Les caractéristiques du produit sont importantes. On est souvent loin d'imaginer toutes les caractéristiques qui composent un produit. Par exemple, pour un costume, on va évoquer des caractéristiques évidentes telles que la couleur, la matière, le cintrage de la veste et du pantalon, la coupe des épaules mais aussi celle des revers de la veste, la largeur du revers, la fente d'aisance, le nombre et la forme des poches... Ce n'est pas fini ! Il reste d'autres détails qui contribuent à faire la différence comme les boutons et les finitions telles que la surpiqûre, les poches intérieures ou le bas de pantalon...

En ayant connaissance de toutes ces caractéristiques, de plus en plus souvent aidé par des fiches numériques qu'il trouvera sur sa tablette et/ou smartphone, le vendeur met en valeur son produit et marque l'attention de son visiteur. Ce sont ces détails qui feront la différence entre deux produits de qualité distincte, pour justifier un prix..., critères d'ordre plus objectif.

Les avantages sont faits pour valoriser les caractéristiques du produit par rapport à la découverte. Ils seront focalisés sur les motivations du visiteur. Rappelez-vous l'histoire de monsieur Martin et son 4 × 4. Jérémy, le vendeur délivre un flot de caractéristiques techniques sur la performance de la voiture alors que les motivations de monsieur Martin se portaient plus sur des critères de confort tels que le volume, la modularité des sièges...

Les bénéfices viendront entériner les avantages en les personnalisant. Si le vendeur prend du temps à démontrer à monsieur Martin la modularité des sièges arrière du 4 × 4, celui-ci imagine déjà tout ce qu'il va pouvoir mettre dans sa voiture. Cela renforce son sentiment de confort et, sachant qu'il pourra se rendre à sa maison de campagne à n'importe quel moment de l'année, cela renforce également son sentiment de « sécurité ».

Très souvent, les caractéristiques des produits entre plusieurs marques se valent. De plus, le vendeur ne peut pas toutes les mémoriser. En reprenant les motivations et les désirs de son visiteur, le vendeur a soin de mettre en avant tout ce qui tourne autour du produit : ses origines, les niveaux d'utilisation ou de personnalisation, les options, les services, le financement, le service après-vente... tout ce qui peut contribuer à proposer une solution globale, plus qu'un simple produit. C'est souvent là que la différence se fait.
Le vendeur se doit d'acquérir de plus en plus d'informations afin de jouer son rôle de conseil voire d'expert. La formation et les outils digitaux seront là pour l'aider. Sa mémoire fera la différence dans l'échange avec son visiteur et/ou son client.

Le rôle évident de conseil

Une étude Ipsos met en évidence l'influence des proches dans la réalisation de l'acte d'achat[31]. L'étude montre que les amis et la famille influencent neuf fois plus dans la décision d'achat que les vendeurs (amis et famille : plus de 50 %, Internet : environ 30 %, le vendeur en point de vente : seulement 6 %). L'étude montre que cette tendance est propre à la France, précisant que la famille ou les amis ne pèsent plus que 38 % en Allemagne ou en Angleterre, au profit des conseils du vendeur.

---

31. Ipsos-Epsilon, *La communication est le meilleur moyen de gagner le cœur et l'esprit des consommateurs français,* [Étude sur la fidélité des consommateurs, France] 2013, www.epsilon.com. Présentée par Serge-Henri Saint-Michel sur le site Internet www.marketing-professionnel.fr : « Les vendeurs, neuf fois moins influents que famille ou amis », le 23 septembre 2013.

Cela confirme tout ce que l'on attend du vendeur et le rôle qu'il doit normalement jouer. En plus de savoir accueillir et servir le visiteur, le vendeur gagnera en crédibilité dans sa capacité à conseiller.

Témoignage

Un client : « *Je me suis rendu dans un grand magasin de sport avec l'objectif de m'acheter des chaussures de randonnée. Je savais ce que je voulais, je n'éprouvais donc pas le besoin de me rapprocher d'une vendeuse. Dans le cas présent, l'une d'elles était occupée avec d'autres clients. Elle semblait prendre du plaisir à renseigner deux personnes qui, d'après ce que j'ai compris, souhaitaient se prendre en main en se lançant dans la randonnée. La vendeuse prenait son temps. Et grâce à ses conseils et ses recommandations (par exemple, prendre une taille de pointure au-dessus, à cause des chaussettes plus épaisses et du gonflement des pieds), la cliente n'a pas acheté que des chaussures de randonnée, mais également des chaussettes qui vont avec, des bâtons de marche ainsi que des vêtements appropriés à ce type d'activité. La personne qui l'accompagnait était conquise par l'empathie de la vendeuse et en a parlé à coup sûr autour d'elle. En ce qui me concerne, comme j'avais écouté tous ces conseils, je suis parti avec des chaussures d'une taille supérieure.* »

Le conseil est là pour donner toutes les informations nécessaires et attendues par le visiteur, dans certains cas pour le rassurer. En conseillant, le vendeur répond aux interrogations du visiteur, complète son information et l'aide à avancer pas à pas dans sa décision d'achat.

Conseiller en s'adaptant au comportement des visiteurs

Sur la base de la méthode du comportement (méthode Arc-en-ciel), le vendeur va adapter sa façon de présenter et de conseiller le visiteur.

Fiche pratique 16

Conseiller le visiteur

Le conseil participe à la construction de la confiance qui est en train de s'établir entre le vendeur et son visiteur afin qu'il devienne client et revienne. Pour pérenniser cette relation, le vendeur saura s'affranchir de ses objectifs à court terme (chiffre d'affaires, marge, productivité) pour servir le visiteur en toute liberté. Cette attitude renforce sa crédibilité et s'inscrit dans une démarche à long terme.

Interview

Eric Scherrer

Président du SECI-UNSA

« Pour beaucoup de jeunes, il y a une désillusion quant au métier de vendeur. Plusieurs raisons à cela :

- *les grandes entreprises ou chaînes ne voient dans le métier de la vente que la rentabilité et la productivité. Via le taux de transformation, par exemple, qui correspond au nombre d'acheteurs divisé par le nombre de visiteurs ;*

- *le développement de la précarité de l'emploi ;*

- *on demande au vendeur d'aller de plus en plus vite : certaines chaînes ont commencé à mettre un chronomètre pour mesurer la durée moyenne passée avec les clients ;*

- *une crise d'identité du métier de vendeur par des missions de plus en plus larges, allant de la propreté du magasin à la vente en passant par la gestion du stock, le* merchandising, *la disponibilité des produits...*

- *dans certaines enseignes, les objectifs ne sont pas fixés sur le produit même mais sur les produits dérivés (financement, extension de garantie ou assurance).*

La difficulté est que beaucoup de vendeurs ne font pas le métier pour lequel ils ont été embauchés.

À vouloir trop « industrialiser », tout centraliser, cela a également un impact sur les managers. Les managers sont de plus en plus dans l'application de directives. Ils se contentent de gérer des plannings avec peu de marge de manœuvre et de personnalisation au niveau de l'environnement du magasin. Cela a un impact sur les équipes qu'ils dirigent. »

Retrouvez l'intégralité de l'interview en utilisant le lien suivant :

De nombreux visiteurs viennent en point de vente pour obtenir l'information qui leur manque. La reformulation permet de vérifier e niveau d'information afin de répondre aux dernières objections et faciliter la prise de décision. Un nouveau « oui » permettra de passer directement à la conclusion.

Témoignage

Charlotte décide de s'offrir un nouveau PC portable le plus léger possible ! Le vendeur d'une enseigne bien connue a pris le temps de découvrir ses attentes (léger, efficace, rapide et en promotion) et lui propose deux modèles. La déception de Charlotte fut perceptible à l'annonce de la promotion expirée la veille au soir. Le vendeur prit le temps de regarder tout de même sur son poste les opérations commerciales en cours. « Madame, la promo est encore en ligne !». Il me proposa de passer la commande avec un enlèvement sur place.

Le vendeur raisonne global. Aujourd'hui au-delà du renseignement, le vendeur conseille, facilite, aide à la décision. Quelque soit le canal, le plus important reste la vente. Comment gérer dans une dynamique gagnante la motivation, la rémunération du vendeur ?

L'empathie

L'empathie est omniprésente, dès l'accueil du visiteur. Elle permet de comprendre les sentiments et les émotions de son visiteur. Elle trouve aussi toute sa force au moment où le visiteur va bientôt faire ses choix.

De l'empathie pendant l'essayage

L'essayage est un moment important dans le cérémonial de vente. Il concerne beaucoup de métiers tels que l'habilement, la bijouterie, les chausseurs... Il est trop souvent négligé alors que la décision d'achat se construit souvent à ce moment.

L'environnement est important, il doit être :

- prévu et organisé pour cette fonction, c'est-à-dire que l'espace est conçu pour cela et qu'il ne s'agit pas d'un espace par défaut dans un coin du magasin. Il est uniquement destiné à cet usage, c'est-à-dire qu'il ne sert pas à stocker des cartons ou d'autres choses que l'on ne sait pas où ranger ;
- propre, cela va de soi, avec la volonté d'effacer chaque fois que cela est possible les traces du visiteur précédent. C'est vrai pour une cabine d'essayage mais également pour le comptoir, la table dans une bijouterie… ;
- pratique pour que le client puisse s'isoler, déposer les vêtements qu'il vient de défaire ou pour s'asseoir. Le miroir sera à portée de vue pour donner sans délai au client le plaisir de découvrir ce qu'il essaie ;
- chaleureux, le visiteur y retrouvera les codes du point de vente et l'intimité y sera respectée.

Le visiteur doit prendre du plaisir à essayer. L'environnement est important, mais l'accompagnement du vendeur y contribue également. Il s'agit pour le vendeur d'inviter son visiteur à essayer, de l'accompagner, de le mettre à l'aise et de rester à sa disposition.

Au moment de découvrir la bague, la montre, le chapeau, les chaussures, la robe ou le costume… sur lui, le visiteur prend du plaisir, voire de l'émerveillement. Pas besoin pour le vendeur d'intervenir tout de suite car le plaisir ou le bonheur de ce moment-là ne se partagent pas. L'observation en dira long sur les réactions du visiteur. On retrouve toute la force du langage non verbal et c'est seulement ensuite que le vendeur reprendra son rôle d'accompagnement et de conseil.

De l'empathie pour accompagner le choix

Lors du choix, le client peut émettre des objections, qui ne sont pas forcément des objections en tant que telles, (sincère, fondée ?) mais plutôt des réserves qui sont souvent du domaine subjectif. Il s'agit plutôt de sentiments cachés ou subtils que seule l'empathie permet de découvrir, de sentir.

Exemple

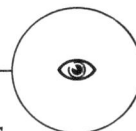

Mademoiselle B. se rend avec sa mère dans un magasin de chaussures. Elle va bientôt se marier. Son souhait est de trouver des escarpins à hauts talons qui se marient parfaitement avec sa robe. Après avoir attentivement pris en compte les goûts, les souhaits et la pointure de mademoiselle B., la conseillère de vente lui présente trois paires. Mademoiselle B. les essaie. Incontestablement, elle a un coup de cœur pour l'une d'entre elles dont les talons sont particulièrement hauts. La conseillère de vente sent toutefois que mademoiselle B. n'arrive pas à prendre de décision finale et s'en inquiète. En prenant le soin de reformuler les choses, elle finit par comprendre que les escarpins lui plaisent, c'est même un coup de cœur, mais elle a peur que les hauts talons ne tiennent pas toute la soirée. Elle se voit mal finir une des plus belles journées de sa vie avec des escarpins cassés. La conseillère de vente lui propose une alternative avec des escarpins montés de talons moins hauts. Elle répond ainsi à l'objection de sa cliente. Mademoiselle B. les essaie et reconnaît qu'ils lui vont bien et qu'il n'y a pas de doute ils ne lui feront pas défaut pour cette journée si importante. Voyant toutefois que mademoiselle B. hésitait encore, la vendeuse lui a tout naturellement laissé du temps. Elle est même est revenue sur les qualités de la première paire, puis de la seconde. Finalement, mademoiselle B. est partie avec les deux paires car son désir premier était d'avoir des talons hauts.

Toutes ces attentions ont du sens au regard du visiteur. Le temps, le sens du détail, la qualité de la relation qui se crée comme la qualité et la liberté du conseil sont autant de pièces d'un puzzle complexe où chacune a une place importante et dans lequel le vendeur doit s'inscrire.

Interview

Romuald Petiteau

Store manager d'une maison de haute couture

« Les boutiques peuvent être belles, mais sans l'accueil ni le service des collaborateurs, cela ne marchera pas. C'est un tout. On devrait pouvoir attribuer des étoiles comme pour les hôtels et les restaurants du guide Michelin.

La difficulté, c'est la constance et l'homogénéité de notre comportement toute la journée. Le seul instant de relâche pour l'équipe, c'est au back-office. *Nous sommes des hôtes en permanence. Nous accueillons, nous sommes attentifs au moindre détail, nous servons nos clients comme si cela se passait chez nous. Nous sommes heureux de les recevoir avec le souci permanent de rendre le moment agréable et exceptionnel et de le partager. »*

Retrouvez l'intégralité de l'interview en utilisant le lien suivant :

Ces attentions contribuent à répondre aux nouvelles attentes et exigences du visiteur. Si les vendeurs attachent de l'attention à tous ces « détails », ceux-ci concourent à rehausser l'image et la performance du point de vente. Plus que jamais, le rôle du vendeur est d'en être l'animateur, il en devient le héros.

Savoir conclure

Mots clés

CONCLUSION, DÉCISION, PRIX, ACCORD, OUI, DÉCOMPRESSION, CONFORTER, PAIEMENT, ENCAISSEMENT, PAQUET-CADEAU, EMBALLAGE, PAQUET, ÉCHANGE, NÉGOCIATION, CONVIVIALITÉ, PRENDRE CONGÉ, INVITER À REVENIR, RECOMMANDATION, FIDÉLISER…

Contexte

Parce qu'il n'y a pas réellement de moment précis pour conclure, plus que jamais, la communication non verbale, le comportement, l'attitude sont autant de messages et de signaux utiles pour le vendeur. Ils donnent le feu vert pour aller chercher l'accord final auprès du visiteur afin qu'il devienne client.

Voici quelques indicateurs :
- quand le visage du visiteur s'illumine ;
- quand il s'approprie de plus en plus le produit (quand il touche le produit de plus en plus, quand il le réessaye plusieurs fois…) ;
- quand le visiteur parle lui-même du produit de façon personnelle avec son propre ressenti ;
- quand il cherche un avis final ou dit « j'hésite » ;
- quand il commence à poser des questions de détail ;
- quand il cherche un « petit avantage » ;
- lorsqu'il a validé, avec vous, la levée de la dernière objection ou
- lorsqu'il fait des objections mineures ou infondées…

Gérer le prix

Bien que le prix soit essentiellement discuté à la fin du processus ou du cérémonial de vente, il ne doit pas être ignoré du visiteur. Le vendeur, pendant la découverte du besoin et des motivations du visiteur, à l'occasion de la reformulation et en présentant le produit, prend soin de rendre le prix visible ou de le communiquer habilement comme faisant partie des caractéristiques du produit.

Si, au moment de conclure, le visiteur revient sur le sujet du prix, cela sera reçu comme un message de volonté d'acquérir le produit. En prenant en compte les règles communiquées par le manager et en utilisant les techniques pour minimiser ou valoriser le prix, mais également en gardant sa posture, son assurance et sa confiance, le vendeur enchaînera sans hésiter vers la conclusion.

Prendre en compte le comportement de son visiteur est également un moment important pour conclure.

Conclure en s'adaptant au comportement du visiteur

Fiche pratique 17

Savoir conclure

Chercher l'accord

C'est bien au vendeur qu'il appartient d'aller chercher ce dernier « oui ». Il le fait sans crainte s'il a respecté les règles du processus ou du cérémonial de vente mais également et surtout s'il :

- a su créer une relation de confiance et d'équilibre ;
- a su observer l'attitude et le comportement du visiteur, puis en a tenu compte pour faciliter l'échange et se synchroniser avec le visiteur ;
- a su découvrir, au-delà du besoin, les motivations et les désirs du visiteur quand on sait combien le subjectif voire l'affectif influent dans la décision ;
- a su reformuler pour obtenir les « oui » intermédiaires ;
- a su affaiblir la FRED Force de REsistance à la Décision grâce à son professionnalisme, la confiance qu'il a su établir comme le lien qui s'est créé ;
- a su, c'est un élément important et différenciant, prendre et donner du plaisir...

Ce sont autant d'éléments qui conduisent le visiteur à décider d'acheter.

Le vendeur, à ce moment, vérifie que son visiteur a bien tout en mains pour que son besoin, son intention, son désir, son rêve ou sa première expérience se réalisent enfin. Il l'accompagne dans sa décision et souvent le conforte car c'est généralement pour le visiteur un moment important teinté d'une certaine tension voire de stress. Le vendeur est là pour rassurer, féliciter son nouveau client et le servir jusqu'au bout, c'est-à-dire jusqu'au moment de prendre congé.

La vente additionnelle

Au-delà des techniques, l'observation, la découverte, l'écoute, le lien créé vont faciliter à cultiver l'association d'idées et proposer tout naturellement, dans la dynamique de la décision : l'accessoire, le soin, le produit ou le service complémentaire qui se complète où qui s'additionne.

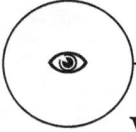

Exemple

Vendeuse dans le Prêt A Porter : « Tenez essayer cette petite ceinture qui donnera une touche finale ou différente, selon vos envies, à chaque fois que vous enfilerez votre robe... »

La vente additionnelle est alors plus facilement acceptée parce que vous jouez votre rôle de conseil. Elle se fait dans l'intérêt du visiteur, moyennant de l'assurance et un ton naturel et juste.

Le sens du détail jusqu'au bout

Pour que le visiteur devienne définitivement « client », il y a encore des étapes dans lesquelles le souci du détail a toute sa force pour éviter un renversement de situation regrettable, ce qui arrive parfois. Ces situations où le client laisse ses achats en plan, part, ne revient jamais et fait de la contre-recommandation.

La transaction comporte plusieurs moments qui méritent attention et réactivité : **l'accueil à la caisse** si le vendeur n'en a pas la responsabilité, **le paiement** (information du client sur les moyens de paiements mis à sa disposition), **l'emballage** (emballage simple et paquet-cadeau), enfin, pour plus de métiers que l'on imagine, l'accompagnement pour **prendre congé**, le « merci », « au revoir » et « à bientôt », jusqu'à la sortie.

L'accueil à la caisse

De plus en plus de points de vente ont mis en place des espaces de caisse aménagés de plusieurs postes, mais trop souvent avec peu ou pas d'organisation de la file d'attente. Là « l'enfer » peut commencer : les clients s'agglutinent dans une file imaginaire, des resquilleurs en pagaille feignent de ne pas voir qu'ils ne sont pas seuls, il n'y a pas de fluidité, ce qui crée une bousculade aussi désagréable que dans le métro aux heures de pointe... Les caissiers sont alors obligés d'intervenir pour régler les conflits. (Sont-ils là pour cela ?)

Témoignage

Noura, cliente dans un magasin de maquillage à Rouen : « *Je suis à la caisse et paie mes achats en carte American express. Je tape mon code et, pour une raison que j'ignore, la transaction est abandonnée. Le caissier ne m'informe pas de la situation et ne prend pas la peine de me donner le ticket d'abandon. Il le déchire sans me demander si je souhaite le garder et, sans plus d'explications, il me demande de retaper le code. Je suis très mécontente et lui fais savoir. Il grommelle. Sa collègue comprend et me dit immédiatement qu'elle va s'occuper de moi.* »

Dans cet exemple, la vente peut être perdue, car la cliente, ne se sentant pas respectée, peut décider d'abandonner son achat.

L'accueil, le conseil et la relation créée par le vendeur ont été très professionnels. Le fait est que la relation avec le client est une chaîne ou tous les acteurs sont essentiels au même titre. Le client mérite autant d'attention au moment où il règle ses achats que lorsqu'il prend conseil auprès d'un vendeur, sans oublier que le passage à la caisse est souvent le moment pour parler de produits d'entretien ou d'accessoires utiles, c'est la vente additionnelle.

Tant que le client n'est pas sorti du magasin avec ses achats, l'affaire ne doit jamais être considérée comme faite. C'est encore plus vrai quand l'encaissement n'est pas assuré par le vendeur, ce qui implique une rupture dans la relation. Cela nécessite de ne laisser aucun détail au hasard.

L'information sur les moyens de paiement du magasin

Les cartes de paiement sont devenues au fil des années le moyen de paiement par excellence. (Même sur les marchés on peut régler en carte, alors que la logistique est plus complexe.)

Témoignage

Tan, vacancier à Paimpol : *« J'entre dans une boutique de vêtements marins. Très vite, je suis pris en charge par une conseillère, son approche est très professionnelle. Je me sens tellement en confiance que je finis par acheter plus que prévu. Elle me remercie et m'accompagne jusqu'à la caisse et là, la patronne, peu accueillante, me dit froidement qu'elle ne prend pas la carte et qu'elle ne prend que les espèces et les chèques. Elle m'indique même le distributeur le plus proche. Les produits choisis me plaisent, alors je décide d'aller prendre des espèces. À mon retour, je lui dis en riant : "À ma prochaine visite, vous aurez un terminal !" Elle répond : "Non"… »*

Qui n'a pas en mémoire les affiches dans les magasins expliquant au client que, compte tenu d'un nombre important de chéquiers volés ou de chèques « en bois », la maison ne les accepte plus. Sans parler de la lourdeur de la tâche lors de laquelle le commerçant doit réclamer une pièce d'identité et inscrire un tas de numéros pour se protéger. Fort heureusement cette situation est appelée à disparaitre en même temps que le chéquier devient payant et que les nouvelles générations ne se retrouvent pas dans ce moyen de paiement. Le « self-scanning » est déjà en expérimentation.

Quelles que soient les évolutions de paiement futures, (m-paiment, sans contact) le moment de payer doit rester un moment simple et facile. Il est la contrepartie d'un produit ou d'un service acheté, duquel le client va naturellement s'acquitter. Nous sommes encore dans l'équilibre de la relation.

Interview

Patrice Lizot

Coiffeur, coloriste visagiste

« *Ce concept* [coiffure à son domicile] *a également pour objectif de faciliter l'échange avec mon client et d'être à son écoute autant pendant la phase de découverte, avant de commencer quoi que ce soit, qu'au moment où le travail est terminé. J'attache une importance capitale à ces échanges, c'est ce qui me distingue des salons de coiffure classiques.*
À la fin, pas de caisse. C'est spontanément que le client me demande combien il doit. Pour moi, c'est une reconnaissance que le travail est bien fait et que, naturellement, le client s'acquittera de ce qu'il doit avant de me quitter. »

Le client doit ressentir de la personne en charge d'encaisser la même qualité de service, la même continuité dans le regard, le sourire, les gestes, les mêmes attentions, les mêmes codes qu'auparavant… parce que c'est souvent à ce moment que l'on invite le client à communiquer ses coordonnées, acte de départ de la fidélisation.

Retrouvez l'intégralité de l'interview en utilisant le lien suivant :

Témoignage

Jules, père de famille nombreuse à Levallois-Perret (Hauts-de-Seine) : « *Je suis avec ma fille dans une de ces boutiques dans l'air du temps. Il y a du monde et peu d'organisation pour être servi. C'est une première désillusion. Nous sommes finalement servis assez rapidement. La vendeuse nous demande alors de nous diriger vers la caisse. Eh oui, il y a une caisse ouverte sur deux. Notre tour arrive et la caissière d'un air hautain et suffisant nous demande si nous souhaitons être sur leur liste. Je réponds d'un ton ferme que je n'en ai pas envie. La caissière continue la transaction et nous remet le paquet avec beaucoup de dédain, du bout des doigts.* »

La fidélisation

La fidélisation est un acte majeur dans la relation au client, afin de créer un lien, d'inviter le client, de l'inciter à parler de la marque et/ou de l'enseigne. Cette relation s'intensifie jusqu'à créer un lien permanent. Le sujet est vaste et les techniques sont en constante évolution, dans laquelle la communication digitale à une place prédominante. Il en reste pas moins qu'inviter son client à adhérer au programme de fidélisation est un acte de vente important pour lequel le vendeur doit être formé et motivé. Certaines maisons l'ont bien compris puisque cette vente est intégrée dans les critères de leur politique d'intéressement. Celui-ci doit être proposé positivement comme une invitation réservée aux clients privilégiés. Cela témoigne de l'attachement du point de vente à son égard. Les actions du programme seront là pour le lui rappeler. La fidélisation cherche de plus en plus à personnaliser sa communication comme elle invite le client à adhérer à l'esprit communautaire de la maison.

Le vendeur est l'ambassadeur à part entière dans la personnalisation de la relation et de l'esprit communautaire dans laquelle une partie grandissante de la clientèle aime s'y retrouver.

L'emballage

Il n'y a pas que dans le secteur du luxe que l'on attache de l'importance à la façon d'emballer les produits, allant jusqu'à sceller le paquet avec un cachet de cire pour certains. Beaucoup de maisons et d'enseignes l'ont bien compris et ont intégré l'emballage et la façon d'emballer comme un acte important du cérémonial de vente. L'emballage véhicule la marque en dehors du point de vente, il est l'ambassadeur de l'image que l'on veut donner.

Le produit emballé sera souvent remis après le paiement, le client en devient le propriétaire à ce moment. Il ne restera pas insensible à la façon dont le vendeur, la caissière ou le patron… lui remet le produit emballé ni au sourire qui l'accompagne. Cette attention fait partie du cérémonial. Ce n'est pas voleur de temps et cela contribue à marquer l'esprit du client.

Chez certains commerçants, c'est le moment de sortir une petite surprise, un « petit cadeau », une fleur, une carte… On connaît bien les échantillons dans les parfumeries, mais cela peut être aussi le catalogue d'une collection spéciale, une invitation à une manifestation… gestes complémentaires de la fidélisation.

Quand le client souhaite un paquet-cadeau, on constate que la tendance est à : *« vous trouverez tout pour le faire, là derrière vous, un peu plus loin… »*. Le client choisit le format qui convient, les *stickers* pour ne pas oublier d'où cela vient, du fil de couleur, s'il y en a, pour agrémenter son paquet. Avec un peu de chance, il peut faire son paquet sur place, mais souvent, il part avec le papier et le nécessaire plié dans le sac qu'on lui a gentiment fait payer trente centimes d'euros… Arrivé à la maison, il s'attelle donc à cette opération d'emballage : le papier est trop petit, il se déchire, le client rate son paquet car ce n'est pas son métier. Bon, finalement, il va utiliser son stock personnel.

Est-ce vraiment un gain pour le point de vente ?

Témoignage

Bénédicte, tante attentionnée : *« J'achète des jouets pour mes neveux dans une boutique spécialisée en jouets pour enfants et je demande un paquet. La demoiselle commence le paquet et me le tend. À ma grande surprise, le carton qui enrobe le jouet n'est pas complètement recouvert de papier. Je demande à la demoiselle si elle peut arranger cela. Elle répond positivement. Elle découpe alors un morceau de papier et le colle « à la sauvage » sur le carton et me présente le paquet ! Très agacée, je lui demande si elle serait contente qu'on lui offre le cadeau ainsi. »*

Cet exemple met en évidence que l'attention envers le client réside dans les détails. Ces détails incluent le prix, très souvent laissé sur le produit, ce qui met le client mal à l'aise lorsqu'il le découvre en offrant son cadeau.

Au Japon, le paquet-cadeau est un véritable cérémonial : la personne qui le fait a des gants blancs, elle vérifie si le produit n'a pas de défaut apparent, choisit le papier qui correspond au produit et à la personne à qui est destiné le présent. Puis avec grand soin, réalise le paquet-cadeau.

Entre ces deux extrêmes, le point de vente doit trancher. Le client vient chercher du service. Il vient chercher autre chose que s'il achetait sur Internet ou dans une grande surface. C'est pourquoi si le service du paquet-cadeau est proposé, il doit être accompli dans les règles de l'art. Il en est de même pour le service après-vente. Le client doit retrouver le même accueil, la même écoute, la même empathie, dans la continuité de l'image donnée pendant la vente. La bonne gestion du service après-vente fera oublier le désagrément, laissera une image positive et pourra, dans certains cas, être l'occasion de vente additionnelle.

Prendre congé

En accompagnant votre client, vous lui donnerez une autre impression que : « J'ai eu ma vente, salut, au revoir », mais plutôt que vous souhaitez donner une suite à la relation qui a été créée.

Exemple

La vendeuse d'une enseigne de chocolat venait de finaliser d'emballer ma commande, le tout dans un sac de la marque. Elle quitte son comptoir, se présente face à moi, prend délicatement le sac des deux mains, me le tend et avec sourire me dit : «Voici, merci pour votre venue, je vous souhaite une belle journée et je vous dis au revoir »

Ces détails ne sont pas anodins, ils s'inscrivent dans la continuité des services et de l'image que les points de ventes veulent offrir à leurs clients. Ce sont ces détails, des émotions, que nous mémorisons et subjectivement contribue à la fidélisation.

Indépendamment des contraintes et des métiers, l'attention au client ira jusqu'à l'accompagner à la porte du point de vente. Dans quelques cas, c'est jusqu'à sa voiture.

En accompagnant votre client, vous lui donnerez une autre impression que : *« J'ai eu ma vente, salut, au revoir »,* mais plutôt que vous souhaitez donner une suite à la relation qui a été créée.

Garder le contact

Il n'est pas stupide de demander à votre client, par exemple lorsqu'il vous a révélé lors de la découverte que son achat était lié à une manifestation précise, qu'il vous envoie un petit message ou qu'il passe à l'occasion pour vous raconter comment cela s'est passé. *« Il arrive que le conseiller de vente ait des relations de suivi avec son client par Internet ou par SMS ou MMS et maintenant via WhatsApp* [application mobile de messagerie] *»,* précise Romuald Petiteau, *store manager* dans le secteur du luxe.

Témoignage

Robert, dans un magasin d'art de la table : *« Après avoir été accueillis, servis et conseillés dans les règles de l'art, le vendeur nous raccompagne jusqu'à la porte du magasin. Il nous remet nos paquets et l'air de rien nous dit : « Puisque nous sommes voisins, passez me dire bonjour ! ». Sur le trottoir, nous avons compris qu'il avait été attentif à nos différents échanges. À la caisse, il nous avait demandé nos coordonnées pour une carte de fidélité. »*

Le client à peine sorti, prenez soin de ne manifester aucune réaction hâtive. On a déjà vu le vendeur faire un *« yesss ! »* le poing levé et une jambe pliée au moment où le client entre à nouveau parce qu'il a oublié quelque chose !

Le vigile, également impliqué dans cette dynamique

Le vigile appartient à l'équipe, il est là pour la sécurité des gens et des biens, mais son rôle est de moins en moins cloisonné. Il fait partie du puzzle évoqué ci-dessus, en jouant un rôle à part entière dans le processus ou le cérémonial de vente.

Même si, dans l'exemple suivant, nous sortons du cadre du point de vente qui a motivé ce livre, celui-ci montre combien le vigile joue un rôle dans la réussite de la satisfaction des clients.

Témoignage

Pauline, femme enceinte, dans un supermarché à Pithiviers : « *Enceinte de sept mois, je faisais les courses un samedi en fin de matinée, c'était l'heure de pointe. Accompagnée de ma mère, nous avons été confrontées à des queues de quatre ou cinq caddies par caisse y compris à la caisse prioritaire. Nous avons tenté de nous approcher de la caisse prioritaire espérant bénéficier spontanément de la priorité. Voyant que les gens ne bougeaient pas, le vigile du magasin nous a interpellées. Il m'a demandé si je souhaitais profiter de mes droits en passant en caisse prioritaire, ce que j'ai accepté. Par efficacité, le vigile nous a fait sortir avec notre caddie et nous a accompagnées en caisse prioritaire par l'extérieur. Cela nous a permis d'éviter les remarques désobligeantes des personnes déjà en caisse. Il a demandé à la caissière de nous faire passer après avoir terminé avec la cliente en cours. Il nous a aidées à mettre nos articles sur le tapis de caisse. Il a attendu à côté de nous que nous ayions fini de ranger et de payer nos courses. Afin de s'assurer que personne ne ferait de remarques désagréables, le vigile a eu la délicate attention de remercier les personnes qui attendaient. Le vigile m'a confié qu'il avait été chargé de clientèle dans une autre vie et qu'il considérait les clients du magasin au cœur des priorités de sa fonction. Depuis, nous nous saluons chaque fois que je reviens faire mes courses.* »

Plus que jamais, ce sont toutes ces attentions, tous ces détails qui feront la différence et confirmeront qu'il y aura toujours des clients pour préférer le commerce de détail et l'artisan commerçant.

Accompagner mon vendeur, ce héros

Mots clés

ÉQUIPE, FAMILIARITÉ, AGRESSIVITÉ, INCIVILITÉ, POSTURE, ALIGNEMENT, CONSTANCE, ANCRAGE, INTERNET, AIDER, SOUTENIR, ENCOURAGER, EXPÉRIMENTER, S'AUTO-RISER, SE PERMETTRE.

Contexte

Le métier de vendeur n'a rien de facile mais il procure, si on le veut, beaucoup de plaisir et d'enrichissement. Pour que cela se passe bien, c'est avant tout un **travail d'équipe dont le manager est l'élément moteur.**

Un travail avant tout d'équipe

Un point de vente se gère comme une petite entreprise ou une start-up. Pour qu'il fonctionne et atteigne ses objectifs, le rôle du manager, voire du « leader », est primordial. Celui-ci s'appuie sur une équipe, une organisation et des règles partagées. Le leader donne une vision à l'équipe en lien avec les objectifs de la maison. Il est capable de libérer l'énergie de ses équipiers en optimisant le potentiel de chacun. Il donne du sens à la mission de chacun.

Nous avons vu précédemment que le manager a le devoir d'accueillir le vendeur et de l'intégrer à l'équipe. Le vendeur a en contrepartie le devoir de s'inscrire dans les règles, de s'investir dans sa mission et d'avancer pas à pas dans les objectifs, ceux de la maison qu'il l'emploie mais également les siens.

Un leader reconnu

Le leader insuffle la dynamique à l'équipe. Il facilite les relations, afin que chacun y trouve sa place. Il entraîne l'équipe, pour la rendre plus autonome et efficace. Il est le facilitateur ou le *coach* qui encourage l'équipe dans ses efforts et l'atteinte de ses résultats.

Il est le chef d'orchestre en étant présent, à tout instant, sur le terrain pour mobiliser son équipe. Il a une attention à l'équipe en général comme à chaque coéquipier. Il a l'œil sur une multitude de détails et ne tergiverse pas sur les règles et les codes de la maison en commençant par lui-même.

Les réunions quotidiennes sont importantes mais également le planning, la communication, l'accompagnement (voir témoignages et interviews ci-après). Dans le respect des règles, le manager aura une attention permanente au bien-être de son équipe. Il est attentif à l'expérience acquise par chacun au fil des jours, Il prend en compte les remarques et surtout les propositions pour mieux assumer leur mission et les rendre actifs dans une dynamique d'amélioration continue. « En associant des employés engagés et un management responsable, une entreprise peut créer de la valeur en très grande quantité, pour elle-même et pour ses clients. »[32]

Témoignage

Mathilde Seclet dans le cadre de son expérience de vente

« Quand je suis arrivée, j'ai suivi une formation de « terrain ». J'ai suivi et observé une vendeuse pendant une journée. L'adjointe du magasin m'a expliqué des choses et j'ai pris mon poste. L'accent a été mis sur une image impeccable au regard de la marque, avec une tenue impeccable tout comme les cheveux et les ongles. En fonction des marques et du lieu de travail

---

32. Vineet Natar « Employees first - Customer second » Editions Diateino.

(corner ou boutique), nous sommes habillées aux couleurs de la marque. Le manager communique à l'équipe un chiffre d'affaires par mois et par saison. Nous avons une prime collective mais pas de prime individuelle, même si le manager attribue un chiffre d'affaires individuel. Il y a un équilibre qui se fait à l'année réparti au prorata du temps de travail et du potentiel du vendeur.

Dans notre magasin, quand il n'y a personne, notre manager pallie à l'ennui, elle nous forme sur :
- *la connaissance des produits ;*
- *le merchandising ;*
- *les matières ;*
- *la symbolique des collections (working girl, chic...)*

Elle organise cela sous forme d'atelier ou de jeu.

En période chargée comme à Noël ou pendant les soldes, l'organisation de l'équipe de vente est adaptée. Par exemple, chacun a un rôle défini et s'y tient : il y a une zone pour chacun. »

Retrouvez l'intégralité du témoignage en utilisant le lien suivant :

Des coéquipiers impliqués

L'exemplarité, le respect des règles doivent être assumés par chaque coéquipier. Pour être respecté par son management, le vendeur doit accepter les règles, y adhérer et s'impliquer : être à l'heure à son travail, prévenir en cas de problème, être fiable dans les tâches qui lui sont confiées, avoir le sens du détail, avoir de la constance. Le vendeur doit savoir que l'on peut compter sur lui. Par son comportement, le manager accuse réception de l'implication des vendeurs et leur renvoie de la reconnaissance. Il y a plusieurs types de reconnaissance : la reconnaissance positive par l'écoute, les échanges, les encouragements…, la reconnaissance « négative » par les réprimandes ou les remarques factuelles. À partir du moment où l'indifférence règne, la communication se raréfie. Elle doit être considérée comme un signe de la « mort » de la reconnaissance.

La symétrie des attentions devient une réalité quand on prend conscience que la qualité de vie au travail et la satisfaction client sont indissociables. « Les salariés heureux font les clients joyeux » ! Ce n'est pas une vue de l'esprit c'est une réalité qui se mesure par l'augmentation de la fréquentation et c'est un enjeu pour pérenniser le point de vente dans une stratégie globale.

Interview

Romuald Petiteau

Store manager

« J'adore valoriser mes conseillers de vente pendant l'acte commercial. Je rentre dans la vente en les valorisant, je trouve les mots qu'il faut tout en étant respectueux du client et du conseiller de vente. J'ai une réelle joie et du plaisir à travailler avec mon équipe.
Mon rôle inclut la capacité à déléguer pour pouvoir être secondé. Quand je quitte la société, il y a une personne formée afin de me remplacer.
Je remercie mes collaborateurs si le travail est bien fait. Il y a un besoin

de sentir du positif d'autant plus que, dans notre métier, nous sommes dans le monde de « l'émotion ». À l'occasion de la visite d'un manager de la maison-mère, je ne tarde jamais à faire part à mes collaborateurs de la satisfaction de celui-ci et ses appréciations. »

Le coéquipier cohabite avec ses collègues sous l'œil attentif du manager, car l'ambiance générale est déterminante pour réussir. Si le manager est stressé ou préoccupé, l'équipe s'en ressentira. Le client ne tardera pas à s'en rendre compte dès son entrée dans le point de vente. Le manager donne toutes les ficelles du métier et les pièges à éviter. Indépendamment de la formation, il l'exploite son expérience, l'analyse et la partage en utilisant des faits concrets, en y associant la technique mais également le bon sens.

Gérer les situations, en toutes circonstances

Votre attitude va devoir s'adapter aux différentes situations. Celles-ci peuvent être plus ou moins délicates ou dérangeantes. Pour maîtriser ces situations, il est possible de se concentrer sur ses propres repères internes (aussi appelés ancrages[33]). Nous les déclenchons automatiquement et ils permettent de dégager de la force face aux situations d'intrusion à des degrés d'intensité différents.

Retrouvez l'intégralité de l'interview en utilisant le lien suivant :

---

33. Patrick Butteau, *Mieux vendre avec la PNL*, A.Franel Editions, 2e éd. 2013.

Des situations dérangeantes

Témoignages de conseillers de vente
dans des points de vente différents

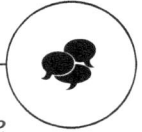

« Nous étions en pleine journée et une de mes collègues m'a demandé si je pouvais m'occuper d'un client car elle était occupée avec un autre. Je lui ai demandé de me le montrer et je me suis présentée à lui afin de le conseiller pour un parfum. J'ai recueilli ses souhaits avant de lui présenter quelques fragrances. D'un coup, il a commencé à complimenter le physique de mes collègues et le mien, puis a essayé de me charmer. J'étais très gênée et ne savais pas comment réagir. Je l'ai remercié et ai refusé ses avances tout en souriant et en lui faisant découvrir d'autres parfums. J'ai essayé de rester au maximum professionnelle afin de laisser une distance et il a fini par abandonner. Je l'ai ensuite accompagné vers la caisse et salué. »

« Une cliente sans répondre à mon « bonjour » me réclame Sophie, ma collègue, par laquelle elle a l'habite de se faire servir. C'est vrai, c'est une cliente très fidèle. Malheureusement, Sophie n'était pas là ce jour-là. Elle me réclame d'un ton sec une autre conseillère de vente. Le temps que ma collègue arrive, je reste à ses côtés. Nous nous dirigeons vers la bijouterie. Elle commence à me préciser toutes les caractéristiques de chaque produit comme un professeur montrant son savoir à un élève. Je me suis senti inutile, elle ne me regardait même pas, j'étais transparent pour elle ! »

Des situations d'indélicatesse

« Juste avant Noël, une personne me demande un échantillon et m'insulte parce que je n'en avais pas. Il est vrai que l'on a trop habitué les clients à leur offrir des échantillons, cela n'excuse pas le fait que ce client a été blessant. »

Combien de fois avons-nous entendu ces interpellations « Si vous n'êtes pas capable... », « Où avez-vous appris votre métier ? », « Vous ne comprenez vraiment rien... », « Je me tue à vous le dire ! » ?

On a vu que les responsabilités peuvent être partagées, mais même si quelquefois le vendeur n'est pas à la hauteur de l'attente du client, cela n'autorise pas ce dernier à être inconvenant, impoli ou agressif.

Des situations de familiarité

« J'étais en train de servir un client (magasin de bricolage) quand, par-derrière, un client me tape sur l'épaule, il veut un renseignement. J'étais choqué à double titre : parce que j'étais en train de servir un client et qu'il est anormal d'interpeller un vendeur par l'épaule. Le pire, c'est que je ne peux pas l'envoyer balader et qu'il me faut trouver une solution pour satisfaire tout le monde. »

Jusqu'à l'incivilité

Le client qui vient se plaindre pour un problème de finition ou de service après-vente, qui s'en prend à vous sans ménagement.

Un client pris en flagrant délit de vol ou de dégradation et qui, pour se défendre, va vous interpeller avec grand bruit en vous accusant.

Le mépris de certaines personnes ou la condescendance d'autres qui n'ont pour seul objectif que de dominer la situation.

Des attitudes imprévisibles

Témoignage

Une conseillère de vente dans une boutique de luxe : « *Une étrangère, en voyage, demande à acheter un sac. La vendeuse, après avoir l'avoir accueillie avec tous les égards et pris en compte sa demande, l'informe que ce sac n'est pas disponible car pratiquement fait à la demande. La cliente ne s'attendant pas à cette situation s'est alors mise en colère en faisant tomber tout ce qu'elle trouvait autour d'elle sur les présentoirs tout en criant. Il a été extrêmement complexe de la ramener à la raison sans intervention extérieure. La cliente a exigé des excuses. De longues minutes se sont passées avant qu'elle ne décide de quitter le magasin.* »

Toutes ces situations tendent à déstabiliser les vendeurs, mais ceux-ci font face car ils ont une posture solide et assurée, en référence à l'alignement (l'accord entre, d'une part, ce que je suis, ce que je pense et, d'autre part, ce que je fais, cf. page 50 - L'alignement).

La posture et la constance

La posture

Votre posture sera le témoin de votre alignement. Elle montre que vous êtes en accord entre ce que vous êtes, ce que vous pensez et vos actes :
- ce que vous êtes, c'est-à-dire votre droiture et votre équilibre. Dans votre position debout, avoir le poids réparti sur vos deux jambes, le buste droit, les épaules relevées, la tête haute en imposera tout naturellement ;
- ce que vous pensez, le fait d'être sûr de vous et de vos valeurs ;
- et ce que vous faites dans votre responsabilité de vendeur.

Pas de doute, un vendeur qui est sûr de son professionnalisme aura naturellement cet alignement. Votre visiteur le ressentira et en tiendra compte consciemment et/ou inconsciemment.

Le regard et le sourire

La constance du regard et du sourire est également un rempart. Cela peut ne pas marcher du premier coup. Il vous suffit alors de vous exercer avec vos proches et, petit à petit, vous gagnerez en assurance et, vous verrez, cela deviendra naturel.

Nous l'avons vu précédemment, plus vous êtes bien avec vous-même, plus vous rayonnez, plus votre regard et votre sourire seront naturels et constants.

Cela va vous permettre, bien souvent, de prendre ou reprendre la main dans la gestion des situations et avancer pour servir votre client dans une relation d'équilibre et de respect mutuel. D'autant que, il ne faut pas l'oublier, vous devez être dans un rapport plaisant.

Il faut savoir que certains clients sont à la recherche de cette posture et de cette constance. Quand on sort d'un échange conflictuel avec un client, du rapport de force naît assez souvent une reconnaissance partagée et la création d'un lien presque particulier, voire, dans certains cas, qui devient privilégié.

Mobiliser ses ressources en générant ses propres émotions

L'objectif est d'arriver à vous déconnecter, de prendre de la distance, face à la pression d'une situation tout en restant présent. On parle « d'ancrage » ! **Un ancrage est la mise en place d'une association entre une expérience vécue** (et donc un état émotionnel) **et un stimulus unique** (le signal choisi).[34]

---

34. Patrick Butteau, *Mieux vendre avec la PNL*, A.Franel Editions, 2e éd. 2013.

Procédez comme suit :

Première étape : choisir un état désiré. Il vous suffit de rechercher dans votre mémoire et d'identifier un moment déjà vécu ou vous avez ressenti une grande maîtrise de vous par votre calme et votre patience. Ça y est, vous avez identifié cette situation !

Deuxième étape : choisir une expérience passée où cet état émotionnel a existé. Maintenant, passez du temps à revisiter ce moment, le contexte, comment cela s'est passé, pourquoi vous étiez en pleine possession de vos moyens, comment cela a été perçu par votre environnement. Essayez d'aller au bout de votre ressenti afin de faire ressortir les sensations de chaleur et de bien-être qui procurent ce calme et cette patience. Vous êtes en pleine possession de vos moyens, vous êtes dans votre force interne. Vous êtes bien.

Troisième étape : choisir un stimulus unique qui permettra d'ancrer l'état désiré. Un stimulus unique est un stimulus qui ne risque pas d'être ambigu, parce qu'utilisé dans d'autres circonstances que l'ancrage particulier que vous souhaitez poser. Claquer des doigts, par exemple, est un geste que l'on peut effectuer dans d'autres circonstances, il n'est pas forcément judicieux de le choisir. En revanche, pincer la deuxième phalange de l'annulaire peut être un stimulus unique pertinent. Le choix du stimulus peut également être fait en fonction de votre dominance sensorielle – un stimulus visuel par exemple (un point spécifique du magasin…). Attention toutefois à ceux qui pourraient être mal interprétés par votre client. Par exemple, regarder en l'air ou de côté pourrait être perçu comme une insolence.

Quatrième étape : ressentir l'état désiré en visualisant l'expérience passée et poser l'ancrage. En suivant le déroulement d'une visualisation (calme, patience, détachement…) installez, ressentez, vivez l'état désiré. L'intensité de l'état émotionnel va aller croissant. Au cours de la montée de l'intensité, appliquez le stimulus choisi. Appliquez-le le temps que l'intensité émotionnelle croît. N'appliquez pas le stimulus lors de la décroissance de l'intensité émotionnelle.

Cinquième étape : répéter et valider l'ancrage. Répétez la quatrième étape trois fois, puis chaque jour jusqu'à ce que le stimulus seul provoque l'état désiré.

Utiliser l'ancrage dans une situation tendue

Vous êtes vendeur dans un magasin de chaussures, vous revenez avec la mauvaise pointure demandée. Pas de chance, le client est pressé et, sans ménagement, il jette la boîte par terre et vous interpelle violemment : « Vous êtes sourd ou quoi ? Vous n'avez qu'à ramasser ! ».

À ce moment, pour vous protéger, pour éviter l'escalade, déclenchez votre signal d'ancrage. Et là, instantanément, vous serez baigné par le ressenti que vous avez ancré : le calme et la patience seront en vous et cela se verra.

Provoquer une rupture

Si, de votre côté, l'ancrage est nécessaire pour ne pas subir, il faut constater que le client, lui, aura tendance à s'ancrer dans une spirale négative. Parfois, votre attitude ne suffira pas à casser cet engrenage. La solution, quand cela est possible, est de faire bouger le client. Vous l'invitez à se déplacer physiquement dans le magasin ou vous créez un prétexte afin de l'accompagner. Très souvent, le fait de bouger provoque une rupture dans l'engrenage qui s'est installé. Cela a pour conséquence d'atténuer fortement la nervosité ou la colère de votre client. Vous vous facilitez ainsi la tâche pour qu'il accepte de vous écouter. Cela permet de faire avancer le sujet afin de trouver une issue.

Dans le même esprit, quand des personnes sont en groupe avec des attitudes négatives, il faut essayer de les isoler. Seuls, les gens sont moins agressifs.

Témoignage

Martin, vendeur d'une grande marque de prêt-à-porter homme à Vélizy (Yvelines) : *« Trois jeunes entrent dans notre espace en conquérants. Ils sont bruyants, leur comportement nous incite à la vigilance. Avec deux de mes collègues, nous nous faisons des petits signes, décidant de les canaliser. En les accueillant normalement, sans précipitation, nous nous approchons afin de nous occuper individuellement de chacun d'eux. Nous profitons de nos premiers échanges pour les faire bouger et, petit à petit, les séparer. Un de mes collègues a su complimenter un des jeunes, cela a contribué à détendre l'atmosphère. Ensuite, tout s'est plutôt bien passé. Ils ont fini par acheter pour 3 000 euros de vêtements et sont partis comme des clients normaux, mis à part qu'ils ont payé en liquide. »*

Toutes ces techniques permettent de prendre du recul par rapport à la situation et d'anticiper afin de vous protéger face à l'agression extérieure de quelque nature qu'elle soit. Si vous ne vous laissez pas déborder, le client n'aura pas d'autre choix que d'en accuser réception et :

• soit d'abandonner en s'en allant (de toute façon, la vente était mal engagée) ;
• soit de modifier son comportement ;
• ou encore de s'excuser et de repartir sur des nouvelles bases.

Et si cela ne suffit toujours pas, à ce moment, vous n'avez plus d'autre choix que de passer la main.

Passer la main

Dans une situation d'escalade, il ne faut pas laisser les choses s'envenimer. Pourquoi ?

- Parce que, très souvent, la déraison a pris le pas sur la raison, ce qui explique l'escalade.
- Parce que, vous êtes uniquement en représentation et qu'en aucun cas cela doit devenir une affaire personnelle.

Deux solutions :

- vous pouvez créer une rupture par vous-même, grâce à votre posture et/ou votre ancrage, en faisant bouger votre client et grâce à l'apport d'une solution ou d'une idée nouvelle ;
- vous passez la main à quelqu'un d'autre, à votre manager en toute logique.

Témoignage

Arthur, serveur dans un restaurant, à Bourges : « *Nous sommes là pour servir nos clients avec tout le détachement et le professionnalisme nécessaire. Je servais un jeune couple. Tout s'est bien passé pendant la prise de commande. Le fait est qu'après les choses se sont envenimées entre monsieur et madame. Ils se disputaient ouvertement et cela s'entendait. Sans que je comprenne pourquoi, à chacun de mes passages, le monsieur a commencé à transporter sa mauvaise humeur sur moi. Il se moquait ouvertement, cela devenait extrêmement inconvenant au point que sa femme s'insurgeait de sa façon de faire. Le patron ayant vu la situation m'a fait signe et m'a dit qu'il ne fallait pas insister. Il a décidé de me remplacer par un autre serveur, pour couper court à cette escalade inexplicable et idiote.* »

C'est au manager d'intervenir ! Le manager doit être sur le terrain, être en veille vis-à-vis de ses vendeurs, être à tout moment en capacité d'aider. Dans son rôle de manager, le relais devra être pris de manière naturelle avec le souci de ne jamais dévaloriser son coéquipier. La force de la cohésion d'une équipe rayonne dans le magasin. Dès son entrée, le client ressentira une ambiance positive dans laquelle on trouve une bonne connivence, une complicité entre l'équipe de vente et le manager, qui constituent une force collective. Le vendeur travaille dans la confiance et sait qu'à tout moment il aura l'appui et le support de ses collègues et de son manager.

Les outils d'aide à la vente : l'ouverture aux technologies

Le manager est attentif à l'évolution technologique, prenant en compte le phénomène de *showrooming* qui progresse rapidement. Il est capable de proposer à ses vendeurs des outils pertinents :
- des tableaux de bord pour piloter l'activité, la performance, optimiser les résultats et définir des actions correctives ;

- des outils de communication via les applications mobiles, Smartphone, tablettes... sont en plein développement à l'exemple du *geofencing* mobile ou du *click & collect*... Le *geofencing* ou le **gardiennage virtuel** (en anglais, **geo-fence** ou **geofencing**) est une fonction d'un logiciel de géolocalisation qui permet de surveiller à distance la position et le déplacement d'un objet et de prendre des mesures si la position ou le déplacement s'écarte de certaines valeurs fixées d'avance[35]. *Click & collect*, également nommé *check & reserve, click & pick up* ou *reserve & collect*, désigne un service permettant aux consommateurs de commander en ligne pour ensuite retirer leur article dans un magasin de proximité[36].

---

35 et 36. Source : www.definitions-marketing.com

- le « beacon ». Placé dans un point de vente, il permet d'envoyer des messages, des promotions ou enregistrer des visites pour créditer des points de fidélité. Le faible rayon de détection lié à un "beacon" permet de contextualiser les messages en fonction du rayon dans lequel se trouve le visiteur[37] ;
- des outils dits « d'imagination » : bornes, miroirs magiques, configurateurs... sont utilisés pour faciliter l'information, l'échange et la présentation. Ils permettent de tester les produits, de contribuer à faciliter les choix et d'accompagner le visiteur dans la transaction.
- des outils de personnalisation de la relation. Bien sur la fidélisation comme évoqué précédemment mais aussi le « clienteling » : On est gagnant en cherchant à personnaliser la relation avec chaque client, être en « One to One ». La volonté forte du management, les outils tels que la tablette et bien sur une base de données enrichie vont contribuer à créer une relation unique.

La plupart des études montrent que le « digital » est un outil d'aide à la vente. Le vendeur doit toutefois être sensibilisé à son utilisation puis être formé afin de se l'approprier et d'en faire un bon usage pour servir un visiteur réceptif, qui le sera de plus en plus.
Le digital joue un rôle d'allié plus que de compétiteur.

Il participe à :
- contribuer à la notoriété de la maison ;
- communiquer sur la marque ;
- trouver l'adresse du point de vente ;
- faciliter la découverte du besoin du visiteur ;
- donner un avant-goût de la gamme proposée ;
- accéder facilement aux caractéristiques des produits ;
- créer du lien permanent.

---

37. Source : www.definitions-marketing.com

Mais le digital doit également aider le vendeur. Par exemple, avec sa tablette, le vendeur peut connaître son niveau de stock tout en préservant le contact avec son visiteur, ce qui permet de le renseigner immédiatement. Il pourra également compléter son information sur les produits et se consacrer plus particulièrement au partage d'expériences, d'émotion, de désirs...

Interview

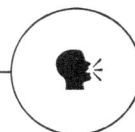

Gérald Barbier

Premier vice-président de la CCI Paris (Chambre de commerce et d'industrie départementale de Paris)

« [Vendeur] *C'est une activité passionnante, très prenante, mais aussi rémunératrice, et dans laquelle il faut autant savoir être à la pointe de la modernité et de l'adaptation (Internet, nouvelles technologies de vente ou de paiement, pratiques des langues étrangères) que savoir entretenir – et c'est plus classique – une relation vivante, conviviale et de confiance avec ses clients. [...]*
La chambre de commerce et d'industrie de Paris aide les commerçants à accéder aux technologies numériques. Après le e-commerce, le m-commerce [mobile commerce] *va, en effet, révolutionner les réflexes d'achat des consommateurs. Les commerçants doivent l'intégrer dans leur fonctionnement, car la fidélisation par ces outils sera incontournable. »*

Retrouvez l'intégralité de l'interview en utilisant le lien suivant :

Les outils sont là pour aider le vendeur. Maintenant c'est à lui de relever le défi et de s'en faire des alliés, voire d'en faire une différence. Ces outils réaffirment tout l'intérêt du point de vente : le conseil et l'expertise par le vendeur. Le manager une fois de plus sera là pour accompagner, montrer l'exemple et emmener son équipe dans ces nouveaux défis.

Une récente publication affirme qu'en matière d'entraîneurs de football, les Français sont les meilleurs du monde[38]. Il est vrai, Didier Deschamps, Laurent Blanc, Hervé Renard, Arsène Wenger ou Rudi Garcia entraînent des équipes prestigieuses avec les résultats que l'on connaît. Leurs points communs ? Une forme d'humanisme, un goût pour l'écoute et la psychologie, un certain effacement. Pourquoi n'en serait-il pas de même de nos managers de point de vente ?

---

38. *Le Point,* novembre 2013

Chapitre 3
Les nouveaux défis

Mots clés

DÉFI, CHALLENGE, PARI SUR L'AVENIR, AIMER, PROVOCATION, INCITATION, INNO-VATION, CHANGEMENT, TRANSFORMATION, ÉVOLUTION, RECONNAISSANCE, PROXI-MITÉ, LIEN SOCIAL, RÉVOLUTION, MUTATION, DÉVELOPPEMENT, DEVENIR, AVENIR, FORMATION, GÉNÉRATIONS, ÉTHIQUE, VENDEUR DURABLE, GÉNÉRATION X, Y, Z.

Contexte

La France est-elle culturellement moins commerçante que d'autres pays ? Pourquoi parle-t-on de rapport de forces permanent dans les échanges entre vendeur et client ? Sommes-nous réellement arrogants ? Sommes-nous moins accueillants que d'autres pays ?...

Beaucoup d'articles de presse font écho de la situation des commerçants dans de nombreuses villes. Comme beaucoup de situations, les causes ne sont pas uniques mais bien multiples :

- le contexte économique ;
- la difficulté d'accessibilité dans les centres villes ;
- la montée de l'insécurité ;
- le déséquilibre des implantations de grandes et moyennes surfaces ;
- le départ à la retraite sans successeur ;
- la reprise de magasins ;
- le changement des mentalités, des modes de consommation...

Une part des raisons ne se trouve-t-elle pas aussi dans le comportement des commerçants et des clients ?

« Les clients pensent que les commerçants devraient être plus souriants parfois sans se demander s'ils le sont eux-mêmes. »

« Je ne sais pas s'ils font la tête parce qu'ils ont moins de clients ou si il y a moins de clients parce qu'ils font la tête. »

Quelles réponses et quelles solutions ? Une partie de la réponse se trouve au travers de l'expertise des métiers de chacun, dans lesquels on peut puiser le meilleur. Les interviews mettent en avant une grande communauté de vue, à savoir qu'il n'y a pas de fatalité et qu'il faut savoir se prendre en main. Avant tout, c'est de la volonté et du bon sens. Beaucoup l'ont bien compris.

Retrouvez l'intégralité des interviews en utilisant le lien suivant :

Les Journées particulières organisées par LVMH[39] n'ont-elles pas contribué à mettre en avant le savoir-faire remarquable d'un grand nombre d'artisans dans la création et la fabrication de produits rares et d'exception ? Elles ont enthousiasmé les visiteurs et ont contribué à en faire une fierté nationale !

---

39. Journées portes ouvertes organisées dans les maisons du groupe LVMH (Vuitton, Guerlain...) depuis 2011.

Au-delà du management, de l'enseignement, il n'y a pas une solution mais des solutions.

Un « projet de vie »

Être commerçant ou artisan est avant tout « un métier » et un projet de vie dans lequel le client est au cœur des enjeux ! *« Tout le monde n'est pas fait pour être commerçant, cela nécessite beaucoup de polyvalence, une capacité d'autonomie et un sens aigu des responsabilités »*, souligne Gérald Barbier, premier vice-président de la CCI Paris, président de la Commission Commerce CCI Paris Île-de-France. Dans cet esprit, il faut aimer le métier et être un professionnel au service du client.

Aimer le métier

Aimer la relation

Aimer aller au-devant des visiteurs qui sont à chaque fois différents dans leur attitude, leur comportement, leur besoin ; qui vous respectent parce d'abord vous les respectez ; qui savent s'ouvrir si vous-même êtes ouverts à eux.
- Pour observer afin de s'adapter ;
- pour créer un dialogue ;
- pour créer un champ de confiance ;
- pour donner du plaisir et du bien-être ;
- pour garder le contact, pour revoir le client et qu'il parle de vous.

Aimer conseiller et vendre

- Vérifier son niveau d'expérience et d'information.
- Écouter le besoin, les motivations et le désir du visiteur.
- Avoir à tout instant de l'empathie.
- Définir et favoriser la ou les solutions les plus appropriées.

- Mettre en valeur le produit.
- Inviter à toucher ou essayer, donner envie.
- Donner des compléments d'information en développant les avantages et les bénéfices du produit.
- Savoir faire des réserves ou des recommandations.
- Être attentif à chaque réaction ou émotion.
- Aller chercher des « oui » pendant le processus ou le cérémonial de vente.
- Chercher l'accord du visiteur qui va devenir votre client.
- L'accompagner jusqu'au bout.

Aimer offrir de la proximité et donner du lien social

- Être présent, c'est-à-dire ouvert, parce que c'est rassurant, au point que le client dira « mon boulanger », « mon cordonnier », ma boutique de… ».
- Être disponible avant tout sans être pour autant intrusif.
- Être en mesure de renseigner en dehors de son métier (donner des renseignements complémentaires ou liés à d'autres métiers).
- Savoir faire des gestes gratuits.
- Avoir une attention personnalisée pour chaque client fidèle et prendre un peu de temps pour échanger. C'est la base du lien social.
- Inviter à s'asseoir pour apprécier le service.
- Savoir échanger et manier l'humour avec constance, tact et très souvent de la complicité.
- Créer de la chaleur par le regard, le sourire et toutes les petites attentions qui font du bien.
- Pour être un vendeur heureux, il faut aimer les autres…

Témoignage

Silvio Ascoli, une vie consacrée au monde du « retail ».
Multi entrepreneur dans les arts graphiques et les produits culturels.

Faire « éclore » les raisons d'exister du commerce de détail, par l'humain. « *En reprenant une librairie parisienne bien connue, j'ai découvert une équipe et un lieu plein de richesse mais tout cela manquait de vie. Il manquait quelque chose comme si j'avais à faire à une belle endormie.*

Le diagnostic a mis rapidement en évidence qu'il fallait "créer de la relation" entre mes équipes et nos clients comme nos futurs visiteurs :

- *Créer une relation privilégiée avec nos clients pour qu'ils se sentent bien et qu'ils prennent du plaisir et de l'enrichissement. L'objectif est qu'ils reviennent le plus souvent et surtout qu'ils en parlent autour d'eux. Cela a nécessité de faire évoluer les mentalités de mes collaborateurs, de parler d'enjeux, de revisiter avec eux la façon de « savoir recevoir » et surtout de servir les clients. C'est également les inviter à accepter de « créer du partage ».*
- *Créer de la proximité et de la relation avec nos futurs visiteurs. Savoir repérer sa future clientèle mais surtout créer de l'événement : animations, rencontres, dédicaces... Avoir de l'audace pour faire venir des auteurs, des personnalités tout en créant de la surprise et le faire savoir.*

Le monde attire le monde ! Pour cela il faut de l'audace, de l'imagination mais également une implication totale des équipes. C'est un travail de tous les jours, mais c'est le travail du commerce de détail pour qu'il continue à vivre. »

Retrouvez l'intégralité du témoignage en utilisant le lien suivant :

Être un professionnel au service du visiteur et du client

C'est avant tout :

- connaître et aimer ses produits, pour mieux conseiller et vendre ;
- surprendre son client sur des détails et des services ;
- raisonner de plus en plus en termes de « solution ».

Pour être un vendeur heureux, il faut aimer ses produits.

Les vendeurs compétents ont un niveau de motivation élevé, ils maîtrisent leurs tâches et, en conséquence, se sentent responsables de ce qu'ils font.

Nous l'avons vu précédemment, le vendeur est confronté à un déficit de confiance de la part des visiteurs et des clients. Parce que le métier de vendeur s'improvise de moins en moins, le regain de confiance se fera en privilégiant le recrutement de vendeurs « qualifiés », en utilisant les droits à la formation, en investissant du temps en interne, en ayant la curiosité et l'envie d'enrichir ses propres connaissances et en construisant son évolution de carrière.

Privilégier le recrutement de vendeurs « qualifiés »

Même si les écoles de vente sont plus rares que les écoles de marketing ou de gestion, elles existent. Elles forment sur des cycles courts ou plus longs les futurs vendeurs aux techniques de vente avec le souci de coller de plus en plus à la demande du marché. Les programmes intègrent également le savoir-être (posture, attitudes et comportements) parce que cela contribue à faire la différence. Quand celles-ci n'existent pas, les entreprises créent leurs propres écoles en interne, souvent appelées « académies », pour maîtriser la marque, les codes, les produits et l'ensemble des services qui les accompagnent.

Utiliser les droits à la formation

Les chambres représentatives (chambres de commerce et d'industrie, chambres de métiers et de l'artisanat), les organismes de formation professionnelle pour adultes l'ont bien compris en investissant largement dans les structures et les programmes de formation continue. Ces formations (de plus en plus souvent certifiantes ou diplômantes) s'attachent de plus en plus aux métiers dans leurs spécificités et leur environnement. Elles font évoluer les collaborateurs pour qu'ils se perfectionnent, deviennent des professionnels et se sentent investis de leur mission.

Interview

Patrice Farcy

Directeur chez Orange

« ...On le voit, la formation du commercial est à repenser. Tout d'abord dans ses contenus plus conséquents afin de maîtriser l'ensemble des connaissances nécessaires.
Les techniques de vente sont également à revoir. Le client n'est pas une proie qu'il faut capturer mais un partenaire de l'entreprise. L'entretien de vente doit permettre le passage d'émotion à travers un voyage dans l'univers des offres proposées. En aucun cas celui-ci doit être interprété comme un moyen de manipuler son interlocuteur. »

Retrouvez l'intégralité de l'interview en utilisant le lien suivant :

Investir du temps en interne

Le manager est là pour accompagner au mieux le vendeur, en lui donnant au fil du temps les informations et les outils nécessaires pour être sans cesse plus efficace et efficient, pour être toujours plus épanoui dans sa mission. Par la montée en compétence, le vendeur est mieux reconnu par son management comme par les visiteurs. Cela contribue à le fidéliser à la marque ou à la maison qui l'emploie.

Interview

Patrice Farcy

Directeur chez Orange

« *...Il faut s'assurer d'une parfaite intégration de la force commerciale dans l'entreprise. Il est nécessaire d'avoir une parfaite cohésion des acteurs du parcours client. Cela suppose que ces acteurs se connaissent et travaillent ensemble au renforcement de la cohérence du parcours. Cela suppose également de se poser la question de l'organisation du travail. Les modalités d'enseignement doivent également évoluer en privilégiant la transmission de savoir entre pairs, les échanges collaboratifs (Customer Room) aux enseignements classiques.* »

Retrouvez l'intégralité de l'interview en utilisant le lien suivant :

Avoir la curiosité et l'envie d'enrichir ses propres connaissances

C'est-à-dire de connaître le contexte et l'environnement des métiers relatifs aux produits ou aux services vendus. C'est une démarche personnelle, d'auto-formation, pour acquérir encore plus de réflexes et de culture générale et accentuer sa crédibilité (le vendeur qui a l'expertise du sport de son rayon, les vendeurs des métiers de bouche qui proposent des conseils de recette, les spécialistes des articles de pêche qui sont eux-mêmes pêcheurs...)

Construire son évolution de carrière

Vendeur est encore un des métiers ou les évolutions de carrière sont les plus rapides. Si le vendeur prend son avenir en main (motivation, performance, esprit d'équipe, flexibilité, adaptabilité et agilité), il se fera vite remarquer par son management, qui lui confiera plus de responsabilités. Si ce n'est pas son management qu'il le fait, les recruteurs, les concurrents, les visiteurs... s'en chargeront.

Paradoxalement, si le métier de vendeur est mal reconnu, avoir dans son CV une expérience de la vente est toujours bien noté.

Valoriser le métier de « vendeur »

La mise en valeur du métier de vendeur est encore timide. C'est une responsabilité partagée.

Nous sommes tous vendeurs

L'époque où les clients achetaient spontanément est révolue. Aujourd'hui, pour faire acheter, il faut vendre, c'est-à-dire être dans une démarche active vis-à-vis du visiteur ou du client. Il faut aller vers lui et être en posture de vendeur : accueillir, écouter le besoin, proposer un produit ou une solution et réunir les conditions pour finaliser un accord. La vente fait de plus en plus partie de notre quotidien consciemment ou inconsciemment, la montée du C2C, *consumer to consumer* (vente de particulier à particulier sur Internet), en est un bel exemple (www.ebay.com, www.leboncoin.com...)

Une prise de conscience positive

Le mot « vendeur » est trop souvent galvaudé, alors que la fonction est incontournable dans la croissance de toute entreprise. Ne pas mettre en avant l'enjeu autour de la force de vente devient une erreur de management. On a trop laissé se distendre la relation entre les vendeurs et les services techniques. Les uns tenant sur les autres des propos comme : *« les vendeurs ont la vie royale, ils ne savent vendre que des moutons à cinq pattes ! »*, *« Les techniques sont dans leur tour d'ivoire, se croient supérieurs et ne savent pas, ne serait-ce qu'un instant, se mettre à la place du client ! »* Heureusement, les mentalités évoluent en décloisonnant les équipes en les faisant travailler ensemble et en jouant la carte de la transversalité.

Le fait est que dans le commerce, le vendeur est souvent impliqué dans beaucoup de tâches qui sortent, pour certaines, de sa mission principale. Son management doit le prendre en compte (description du poste et répartition des missions) et en tenir compte : *« mon vendeur est également merchandiseur, gestionnaire de stock, comptable, il fait le ménage... je dois le motiver pour cela. En tout état de cause, je dois prendre soin de lui pour qu'il prenne soin de nos clients »*.

Un respect de son travail

Le vendeur a également sa part de responsabilité. S'il est peu respectueux de son poste, il colporte une image négative et accroît le manque de considération et de confiance du visiteur.

Une rémunération gagnant-gagnant

Vendeur un métier difficile, qui nécessite de rendre attractive la rémunération. Encore beaucoup de commerces n'intègrent pas cette dimension. Un vendeur motivé et compétent participe activement à la croissance et à la qualité du chiffre d'affaires. Puisqu'il fait progresser les résultats de l'entreprise, il n'est pas absurde qu'il soit en partie intéressé aux résultats quantitatifs et qualitatifs de celle-ci. Privilégier une part variable du salaire avec un bon dosage entre le résultat collectif et le résultat individuel semble être la formule la plus utilisée.

La reconnaissance par le management au quotidien

Le succès du manager passe inévitablement par un accompagnement réussi du vendeur qui inclut la reconnaissance tant dans les résultats intermédiaires que globaux. Encore faut-il donner le pouvoir nécessaire au manager localement.

Interview

Lucie Marand

Decathlon

« Je suis responsable de rayon en formation depuis 2 ans, dans un magasin Decathlon. L'équipe est composée de 12 CDI, et peut compter jusqu'à 20 collaborateurs avec les CDD selon les moments de l'année.
Ce poste me permet d'apprendre à gérer un rayon comme si c'était un petit magasin. Chez Decathlon, les responsables de rayon sont autonomes sur énormément de choses : la gestion des plannings, la prévision du chiffre d'affaires, la gestion des stocks du rayon...

Au quotidien je suis le bras droit de mon responsable, et je suis le lien entre l'équipe et lui. ...

... Dans mon équipe, tous les membres sont plus âgés que moi. Je pense que les règles prédominantes pour les managers sont l'écoute et la capacité d'adaptation.

Avant tout, j'ai dû m'adapter à l'équipe et à leurs habitudes. J'ai donc adapté mon comportement et ma manière de communiquer en fonction d'eux, ce n'est pas à eux de s'adapter à moi.

Pour réussir à s'adapter il faut être disponible et à l'écoute, dans le but de comprendre la situation et leur manière de travailler. Il faut également les responsabiliser et les rendre acteurs de leurs idées en prenant en considération leurs suggestions.

En m'adaptant à eux, cela permet qu'ils fassent l'effort de s'adapter à moi. Pour montrer ma légitimité sur ce poste, ce qui n'a pas été évident au début, je leur ai montré que j'étais source d'idées en apportant un nouveau regard sur les situations, le rayon etc... »

Retrouvez l'intégralité de l'interview en utilisant le lien suivant :

Cultiver la différence dans le fonctionnement

Aujourd'hui, la relation entre l'offre et la demande s'est inversée. Pour maintenir une dynamique dans cette relation, il est indispensable de chercher par l'innovation les outils et les moyens appropriés. **L'objectif est d'attirer sans cesse le visiteur en créant de la surprise, de l'animation, en partageant du plaisir et du bien-être et en valorisant l'expertise du vendeur.**

Le point de vente, un outil nécessaire dont la vocation évolue !

Créer du mouvement et de l'attractivité par :
• la mise en avant et l'animation des produits ;
• des produits plus ciblés ;
• des événements et de l'ambiance ;
• de la proximité et de la convivialité dans la relation.
Pour mettre en effervescence les cinq sens.

Témoignage

Extrait de l'article des échos du 25/10/2017
« L'humain, meilleure arme pour faire revenir les gens en magasins ».
Propos de David Mingeon, Directeur général adjoint d'Havas Paris[40]

Besoin de vendeurs « passionnés ». *« Beaucoup de distributeurs pensent que les data, l'intelligence artificielle et la réalité virtuelle, leur donneront les moyens de faire revenir les gens dans les magasins physiques.*

---

40. https://www.lesechos.fr/industrie-services/conso-distribution/030777586752-lhumain-meilleure-arme-pour-faire-revenir-les-gens-en-magasins-2125106.php

Ils se trompent. C'est au contraire avec des vendeurs mieux formés et passionnés qu'on lutte contre la désaffection du public », estime encore David Mingeon, qui prend le contre-pied l'une longue tendance de réduction du personnel de vente dans les enseignes françaises. »

Retrouvez l'intégralité de l'interview en utilisant le lien suivant :

Offrir de la proximité et de la flexibilité au visiteur

Privilégier les points de vente de proximité pour des visiteurs qui souhaitent près de chez eux pouvoir essayer, acheter, retirer leurs achats faits sur Internet, les échanger...
Donner de la flexibilité aux heures d'ouvertures du point de vente. Les visiteurs français comme étrangers (en voyage de loisirs ou professionnel) ont besoin de retrouver l'accessibilité que beaucoup de pays offrent à travers le monde. Les rythmes de vie évoluent, le visiteur veut consommer « où il veut, comme il veut, quand il veut », en mettant l'accent sur la simplicité et la futilité du parcours du client. Certaines entreprises essaient de trouver le bon équilibre, en termes d'horaires d'ouverture, qui permette d'apporter des réponses aux demandes des visiteurs et d'y faire adhérer leurs collaborateurs. Des accords avec les syndicats ou les représentants du personnel ont pu être finalisés en respectant un équilibre entre vie privée et vie professionnelle des salariés.
En s'adaptant constamment et en offrant de la souplesse et de la flexibilité, le vendeur accentue la notion de service au client et permet d'établir une nouvelle dimension dans la relation.

Le rôle évident des instances représentatives

Les représentants des chambres de commerce et d'industrie et des chambres de métiers et de l'artisanat interviewés mais également les représentants de nombreuses chambres professionnelles représentatives de chaque métier que nous avons rencontrés en témoignent : l'accompagnement est au cœur de leurs préoccupations. La bonne nouvelle est que le commerçant ou l'artisan n'est plus seul, de l'émergence de son projet d'installation jusqu'à la transmission de son entreprise. Beaucoup est fait et n'a jamais autant été fait pour informer, sensibiliser, accompagner et former les commerçants et artisans.

Le rôle de ces instances représentatives est d'être sur le terrain, de travailler avec l'ensemble des parties prenantes et de prendre des initiatives afin que chaque enjeu ou chaque nouveau projet s'inscrive dans le progrès tout en préservant les équilibres nécessaires pour durer.

L'animation fait également partie des initiatives de ces instances afin d'accompagner la profession pour toujours mieux accueillir et servir les visiteurs et les clients. À l'exemple de la campagne « *Do you speak touriste ?* » pour permettre aux commerçants parisiens d'acquérir le savoir-faire avec les différents visiteurs étrangers ou du prix « Paris *shop and design* » pour conjuguer commerce et design à des fins créatives et innovantes. Les chartes Qualité proposées aux artisans et aux commerçants ont pour volonté de les aider à mieux répondre aux attentes des clients et à être plus performants.
Toutes ces initiatives sont bénéfiques et créatrices de croissance et de richesse. Le vendeur ne peut être que partie prenante et se sentir indirectement ou directement accompagné.

La relation est au cœur des nouveaux enjeux. Après avoir fait émerger des générations de financiers ou de gestionnaires, puis de *marketers*, l'avenir n'est-il pas tout simplement dans la « relation client » ?

S'adapter, s'adapter...

Le monde bouge vite : les gens, la demande, les mentalités, les rythmes... le commerce doit bouger de concert, voire anticiper les changements.

Impliquer les vendeurs dans une démarche de développement durable

Le vendeur « durable » est un vendeur :
- informé par sa hiérarchie, par ses collègues et sur ses produits/services. Il accède facilement à trois types d'information : l'information de confort (pourquoi je fais ce que je fais), l'information de compréhension (dans quel contexte s'inscrit ma démarche), l'information de projection (vision et stratégie de l'entreprise) ;
- qui s'inscrit dans une démarche d'échange et de co-construction avec ses clients. Ce point implique de sa part écoute, générosité, humilité, transparence et liberté vis-à-vis d'eux. De là, naît une nouvelle monnaie d'échange : la confiance ;
- connecté pour assurer un *continuum* digital et humain (éviter d'être déconnecté) et être garant d'une « expérience client » optimale ;
- sensible au cycle de vie de ses produits et de son service (fidélisation, retours, relation, différenciation...) ;
- conscient de son rôle économique dans l'entreprise.

Dans une démarche éthique, le management indiquera comment le vendeur doit se comporter, agir et être, avec ses visiteurs et clients comme avec ses collègues.

Prendre en compte des spécificités générationnelles

Le commerce de détail ne peut ignorer ce qui caractérise et différencie les générations : celle du *baby-boom*, la génération X, la génération Y, la génération Z.

Nous appartenons tous à une génération. Les personnes nées avant 1945 font partie de la génération silencieuse. Celles qui sont nées entre 1945 et 1960 appartiennent à la génération du « *baby-boom* ». Les individus qui ont vu le jour entre 1960 et 1980 font partie de la génération X. Et ceux qui sont venus sur Terre entre 1980 et 1995 sont de la génération Y. Depuis 2000, la génération Z pointe son nez.

Cette classification a d'abord été employée en démographie, puis en sociologie. Aujourd'hui, elle est largement utilisée par le marketing. Elle confirme que l'on ne peut pas se comporter de la même façon avec un visiteur selon qu'il fait partie :

- de la génération du « *baby-boom* », qui a un pouvoir d'achat ;
- de la « bof génération » (génération X) qui a sans cesse besoin de se divertir pour ne pas tomber dans l'ennui, reconnue comme cynique, un peu paresseuse, matérialiste avec un intérêt pour tout ce qui a trait au *high-tech* ;
- des « *digitales natives* » (génération Y) qui incarnent les 4 I : individualisme, interconnexion, impatience, inventivité. Ceux-ci ont l'habitude de manifester leurs opinions, de s'interroger et de tout remettre en question. Ils privilégient avant tout leur bien-être. Les relations humaines sont très importantes pour eux. Ils recherchent souvent le contact en dehors de la famille et fonctionnent selon le principe du réseau ou de la tribu ;
- de la génération Z dont on dit qu'elle sera encore plus difficile à cerner.

Si la génération Y aime plus communiquer, il en est différemment des autres générations.

Le vendeur accepte de prendre en compte sans jugement les spécificités de chaque génération (les attitudes, les comportements ou la façon de communiquer) et ce sera sa force. Cela facilitera l'échange, la synchronisation, l'envie d'acheter et la fidélisation.

Créer sans cesse du bonheur, de l'enchantement et de la surprise...

Est-il illusoire de reprendre à son compte tout ou partie des messages délivrés par Patrick Thomas qui a dirigé pendant de longues années Hermès à l'occasion d'une interview sur BFM TV :

« Hermès est dans une stratégie de valeurs. Nous ne cherchons pas à être le plus gros, nous cherchons à être meilleurs.

La valeur et la recherche de l'excellence ne sont pas que dans l'objet et les process de fabrication, elles sont aussi dans la vie de l'entreprise de tous les jours. Cela se traduit par la qualité des postes de travail, cela se traduit par la qualité des relations à l'intérieur, cela se traduit par le bonheur. Hermès est une entreprise de bonheur !

La créativité est au cœur de nos enjeux. Les gens viennent voir ce qui est nouveau... Tous les six mois, nous renouvelons l'intégralité de nos collections. Les clients viennent chercher du rêve, de la surprise, voir ce qui est nouveau. »[41]

Être heureux dans sa mission de vendeur et créer du bonheur ne coûtent pas si cher...

---

41. Interview de Patrick Thomas, gérant d'Hermès, réalisée par Stéphane Soumier, BFM Business, émission *Good morning Business*, le 30 août 2013.

Conclusion

Nous sommes partis d'un constat peu flatteur, plutôt unanime avec une forme de résignation. Au fur et à mesure que nous avancions dans le livre, particulièrement au travers des témoignages et des interviews, nous avons découvert qu'il n'y avait pas de fatalité. Il n'y a pas de fatalité, car les Français sont capables de bouger et de créer la surprise. Encore faut-il expliquer, animer, fédérer plus que vouloir protéger, se replier, légiférer et rester dans une vision à court terme.

Toutes les belles réalisations ont puisé leurs richesses en analysant les origines et les histoires des choses ou des situations ; en travaillant avec tous les acteurs sur les idées sans négliger les implications ; en donnant de la vision et de la grandeur afin qu'elles se réalisent et s'inscrivent dans la durée.

Les vendeurs, les managers ainsi que les forces représentatives ont accepté ce constat. Ils ont conscience des situations et des enjeux, au point qu'ils ont déjà changé les choses et fait évoluer les mentalités – ou sont en train de le faire.

Être capable de créer du rêve, de la surprise, du bonheur, du bien-être... lâchons le mot « de l'enchantement » est l'ingrédient incontournable pour que le commerce de demain trouve sa place à part entière.

Dans une dynamique infatigable, créer de « l'enchantement », tel qu'évoqué tout au long de cet ouvrage, passe inéluctablement par :
- Aimer et faire aimer ce métier ;
- Le reconnaître et le valoriser ;

- S'appuyer sur les instances représentatives ;
- Cultiver la différence et l'innovation en pariant sur l'humain comme premier levier ;
- Utiliser les outils digitaux comme un allié puissant ;
- Réinventer sans cesse la relation client ;
- Intégrer l'agilité dans le management des équipes.

Savoir créer de « l'enchantement » ne se retrouvera pas dans les techniques de vente traditionnelles. L'objectif est de « designer » de nouvelles formations qui bousculeront les « best practices », l'excellence en puisant toutes les richesses et les forces que l'humain est en mesure d'offrir pour servir chaque client. Ces richesses sauront également s'adapter à l'environnement, à la marque et à l'identité de chaque Maison ou Enseigne qui en fait le pari.

« L'avenir se construit dans les activités qui créent de la richesse ». la France est le pays de la créativité dont le rayonnement dans le monde est incontestable. Le commerce de détail a encore un potentiel de richesse énorme. Soyons les créateurs de richesse en "designant" le nouveau service à la française. Les vendeurs en sont et en seront les Héros ! »

Notre souhait est de créer une communauté dans laquelle les lecteurs se retrouveront afin d'échanger, de partager leurs expériences et leurs idées et faire, faire du vendeur « ce héros ».

Bibliographie

DANIELLE ALLÉRES, *Luxe... : stratégie, marketing,* Economica, 4e éd. 2005.

CATHERINE BARBA, « Le magasin n'est pas mort ! : Comment réussir la transition numérique de votre activité en 15 sujets clés », [étude] à télécharger sur le site de la Fevad : www.fevad.com

ÉRIC BERNE, *Que dites-vous après avoir dit bonjour ?,* Éditions Tchou, 1972.

DANIEL BONNEAU, *Faire vendre : accompagner et dynamiser un réseau de points de vente,* Éditions d'organisation, 2000.

ISABELLE BONTRIDDER, « Générations X et Y : quelle(s) évolution(s) ? », www.couplefamille.be

PATRICK BUTTEAU, *Mieux vendre avec la PNL,* A.Franel Editions, 2e éd. 2013.

PHILIPPE CAHEN, *Signaux faibles, mode d'emploi. : Déceler les tendances, anticiper les ruptures,* Eyrolles-Éditions d'organisation, 2010.

DALE CARNEGIE, *Comment se faire des amis,* Le Livre de Poche, 1975.

PIERRE CATELIN, Axelle De Brandt, *Bienvenue sur Terre, Petit manuel pour être la révolution,* CREAA Productions, 2008.

PIERRE CATELIN, AXELLE DE BRANDT, *2012-2200 : Petit manuel pour révolutionner le bonheur,* CREAA Productions, 2013.

MICHEL CHOUKROUN, *Les dynamiques de succès de la distribution : l'efficacité par le pragmatisme et l'innovation,* Dunod, 2012.

ROBERT CIALDINI, *Influence et manipulation : Comprendre et maîtriser les mécanismes et les techniques de persuasion,* First Editions, édition revue et augmentée, 2004.

CATHERINE CUDICIO, *Mieux vendre avec la PNL : Des stratégies pour convaincre,* Éditions d'organisation, 1996.

DALAÏ-LAMA, *Sagesse ancienne, monde moderne,* Le Livre de Poche, 2002.

ROBERT B. DILTS, *Leadership visionnaire : Outils et compétences pour réussir le changement par la PNL,* De Boeck, 2009.

ALAIN DULUC, JEAN-LOUIS MULLER, ANTOINE PINA, FRÉDÉRIC VENDEUVRE, *La PNL avec les mots de tous les jours,* ESF éditeur, 2008.

PATRICE FABART, *Révélez le manager qui est en vous ! – Méthode Arc-en-Ciel,* Ems, 2010.

WERNER KNIGGE, « La magie d'un rayonnement positif », [plaquette] Citrix Online, 2011, www.citrixonline.de

IPSOS-EPSILON, *La communication est le meilleur moyen de gagner le cœur et l'esprit des consommateurs français,* [Étude sur la fidélité des consommateurs – France] 2013, www.epsilon.com.

MICHELLE LARIVEY, *La Puissance des émotions : Comment distinguer les bonnes des mauvaises,* Pocket, coll. Évolution, 2011.

OLIVIER MAULINI, « Comment et pourquoi les hommes et les femmes (se) disent-ils bonjour ? », 2009, texte rédigé à l'intention des élèves de l'école de la Jonction-Genève menant une enquête sur les différentes manières de dire bonjour localement et dans d'autres cultures, université de Genève, faculté de psychologie et des sciences de l'éducation, www.unige.ch/fapse/SSE/teachers/maulini/publ-0915.pdf

ALBERT MEHRABIAN, MORTON WIENER, « Decoding of inconsistent communications », *Journal of Personality and Social Psychology,* may 1967, vol. 6 (1), pp. 109-114.

ALBERT MEHRABIAN, SUSAN R. FERRIS, « Inference of Attitudes from Nonverbal Communication in Two Channels », *Journal of Consulting Psychology,* juin 1967, vol. 31 (3), pp. 248-252.

RENÉ MOULINIER, LEILA JAVICH-HADGÉ, HÉLÈNE NGUYEN, *L'Écoute, atout maître de la vente,* Eyrolles, Éditions d'organisation, 2010.

ERIKO NAKAMUDA, *Nââândé ! ? : Les tribulations d'une japonaise à Paris,* Pocket, 2013.

HERVÉ PIRON, *Le pouvoir par la négociation : les clients sont des robots prévisibles formatés par leur psychologie,* EPT Éditions, 2e éd., 2012.

VIRGINIE RIVIÈRE, CÉCILE DEBISE, BENOÎT DESHAYES, « Le débat Hollande-Sarkozy décortiqué », www.linternaute.com/actualite/politique/analyse-debat-hollande-sarkozy/, le 3 mai 2012.

FRANÇOIS-XAVIER SIMON, MANUEL DE SOUSA, *Management et gestion d'un point de vente,* Dunod, 2e édition, 2008.

CATHERINE SOLANO, MARION GARTEISER, « La politesse, pour quoi faire ? », www.e-sante.be, rubrique « Bien-être », le 02/05/2011.

STÉPHANE SOUMIER, Interview de Patrick Thomas, gérant d'Hermès, BFM Business, émission Good morning Business, le 30 août 2013.

PATRICE STERN, JEAN- MARC SCHOETTL, *La boîte à outils du management,* Dunod, 2e édition, 2013.

PHILIPPE TURCHET « Qu'est-ce que la synergologie ? » www.synergologie.org

PIERRE VOLLE (coord.), *Stratégie clients : point de vue d'experts sur le management de la relation client,* Pearson, 2012.

RÉGINE VANHEEMS, « La distribution à l'heure du multi-canal : une redéfinition du rôle du vendeur », *Décisions Marketing,* n° 69, janvier-mars 2013, pp. 43-59.

JOHN WHITMORE, *Le Guide du coaching,* Maxima, 4e édition revue et remaniée, 2012.

www.ingramcontent.com/pod-product-compliance
Lightning Source LLC
Chambersburg PA
CBHW080548220326

41599CB00032B/6399